UNA GENERACIÓN COMO
DANIEL

SOUTHERN PINES, CAROLINA del NORTE, EUA

UNA GENERACIÓN COMO DANIEL *es un libro que debe leer cualquier persona que quiera comprometerse profundamente con la siguiente generación y ayudarla a enfrentar el desafío de liderar en la cultura actual. Jolene Cassellius Erlacher combina de manera experta sus diferentes experiencias en tendencias generacionales, desarrollo estudiantil y liderazgo, para crear una visión útil de las características de nuestra cultura cambiante, los desafíos que esta presenta para la siguiente generación y la oportunidad única de impacto que tiene. Me di cuenta que este libro es preciso y honesto sobre las dificultades de nuestra cultura cambiante, y también es inspirador y lleno de esperanza para el futuro del reino. Terminé de leer este libro convencida de que esta próxima generación está preparada para hacer un impacto monumental y ¡creo que tú también lo harás!*

—***Katy White,*** Directora de Capacitación, GoCorps

En un mundo que está cambiando rápidamente, necesitamos líderes piadosos que comprendan los tiempos y que sean capaces de liderar con integridad y fortaleza. Usando el relato histórico de Daniel, este libro brinda ejemplos relevantes que se pueden adaptar a la vida y cultura actuales. Hábilmente escrito y bien fundamentado, ofrece ideas convincentes sobre los Millennials y la Generación Z, desafiando a las otras generaciones a reconsiderar su trabajo con los líderes en desarrollo. Este libro es un gran recurso para comenzar el proceso.

—***Camille Bishop,*** directora asistente de Asuntos Académicos de la Universidad de las Naciones

Muchos se lamentan y se desalientan porque Estados Unidos está rechazando sus raíces cristianas. Si bien esto es lamentable, Jolene Cassellius Erlacher nos muestra en su libro más reciente que hay un creciente grupo de creyentes que han descubierto que el éxito del Reino de Dios no recae en las raíces históricas, sino en una fe como la de Daniel. ¡Hay una gran razón para tener esperanza y ser optimistas sobre el trabajo de Dios en el mundo! Gracias, Jolene, por este mensaje alentador basado en la Biblia.

—**Dr. Gordon Anderson**, ex presidente de la Universidad Central del Norte

"(Estamos) capacitando líderes jóvenes hoy para un mundo que ya no existe". Como una de las declaraciones iniciales de Jolene Cassellius Erlacher, este comentario revela el corazón del problema que la Iglesia enfrenta hoy en día. El mundo está cambiando tan rápido a nuestro alrededor; ¿cómo podemos mantener el paso? Experta en tendencias generacionales y desarrollo de liderazgo, Jolene incorpora investigaciones relevantes, verdades bíblicas contra cultura / eternas y ayuda práctica para navegar en los tiempos cambiantes. Bellamente expresado en el ejemplo piadoso de Daniel y sus amigos en Babilonia, el compromiso de Jolene con el Rey y su reino sazona cada bocado de este sabroso libro. Sorprendentemente, ella pinta un cuadro paralelo de lo que los creyentes sabios y comprometidos necesitan para poder navegar en la versión estadounidense actual de Babilonia. Ya sea que estés capacitando líderes o seas uno, lee Una generación como Daniel *y únete al remanente que Dios está preparando para mantener la esperanza en el caos de nuestros tiempos.*

—**Carolyn Gabriels**, Misionera a Cambodia, World Team

Este libro nos lleva a un recorrido por Babilonia con un modelo de liderazgo del Antiguo Testamento. Nos muestra que la cultura del Reino mostrada por Daniel reemplazó a la cultura que lo rodeaba. Los principios eternos se aplican no solo en Norteamérica, sino también alrededor del mundo, donde los líderes se están enfrentando a su propia versión de Babilonia. El llamado de Jolene Cassellius Erlacher para el servicio de liderazgo es una lectura obligada para los líderes de hoy quienes viven en un mundo digitalizado donde el ritmo de cambio no tiene precedentes.

—**Bill Mann**, Escritor, MentorLink

© 2021, 2018 Jolene Cassellius Erlacher
Una generación como Daniel: Liderazgo piadoso en una cultura impía

Primera edición, Junio 2018
Edición Español, Enero 2021
Vigil Press Southern Pines, Carolina del Norte, EUA
http://www.leadingtomorrow.org
Edición: Francine Thomas

Servicios de diseño y publicación de portada: Melinda Martin, MelindaMartin.me (Inglés) y FREE PINELAND! Productions (Español)

Traducción en español: Idai S. Ramírez Vanoye, Andrea Ruiz Rodríguez, allytranslation.com; y Eunice De Lara.

Foto del autor por BRIMdesign.com

Una generación como Daniel: Liderazgo piadoso en una cultura impía está bajo protección de derechos de autor. Ninguna parte de este libro podrá usarse o reproducirse en ninguna manera sin un permiso por escrito, excepto en el caso de breves citas incluidas en artículos críticos y reseñas. Impreso en los Estados Unidos de América. Todos los derechos reservados.

Todas las citas de las Escrituras, a menos que se indique lo contrario, están tomadas de la Santa Biblia, Nueva Versión Internacional®, NVI®. Copyright ©1999 por Biblica, Inc.™ Usado con permiso de Zondervan. Todos los derechos reservados en todo el mundo. www.zondervan.com La «NVI» y la «Nueva Versión Internacional» son marcas registradas en la oficina de Patentes y Marcas Registradas de los Estados Unidos por Biblica, Inc.™

Las citas marcadas de las Escrituras (NTV) son tomadas de la Santa Biblia, Nueva Traducción Viviente, copyright ©2019 por Tyndale House Foundation. Usado con permiso de Tyndale House Publishers, Inc., Carol Stream, Illinois 60188. Todos los derechos reservados.

Número de control de la Biblioteca del Congreso: 2020924359
ISBN 978-1-7321686-3-3 (impreso), 978-1-7321686-4-0 (publicación electrónica)

UNA GENERACIÓN COMO
DANIEL

LIDERAZGO PIADOSO EN UNA CULTURA IMPÍA

Por Jolene Cassellius Erlacher

SOUTHERN PINES, CAROLINA del NORTE, EUA

Para Anna y Elizabeth:

Que vivan como lo hizo Daniel:
en el favor y la bendición de Dios;
con fe, sabiduría y valor en medio de tiempos
tumultuosos.

CONTENIDO

Agradecimientos i
Introducción iii
PARTE I 5
   CAPITULO 1 5
   CAPITULO 2 9
   CAPITULO 3 21
   CAPITULO 4 31
   CAPITULO 5 41
   CAPITULO 6 55
PARTE II 67
   CAPITULO 7 69
   CAPITULO 8 79
   CAPITULO 9 93
   CAPITULO 10 107
   CAPITULO 11 123
   CAPITULO 12 137
   CAPITULO 13 147
   CAPITULO 14 155
PARTE III 163
   CAPITULO 15 165
   CAPITULO 16 177
   CAPITULO 17 189
Lista de recursos 200
Glosario de términos 202
Acerca de autor 204
Contacte a Jolene 206

Agradecimientos

Por dondequiera que viajo, me encuentro con líderes jóvenes y piadosos. Algunos de ellos son tan jóvenes como de ocho o nueve años; otros se acercan a la madurez. Su pasión denota el mismo espíritu que la reina reconoció en Daniel como el "espíritu de los dioses santos" (Dan. 5:11). Los líderes jóvenes de hoy, de hecho, ¡personifican el Espíritu del Dios santo! Me inspiran, desafían y animan. Al escribir esto, a menudo me imaginé estar sentada al otro lado de la mesa en una cafetería con uno o más de ellos compartiendo lo que Dios está poniendo en nuestros corazones para este momento de la historia. Estoy profundamente agradecida por estos hombres y mujeres jóvenes que están comprometidos a mantenerse de pie aun cuando todos los demás se inclinan ante dioses falsos. Se inclinarán solo ante su Dios incluso si hacerlo les cuesta la vida. ¡Ellos son una generación como Daniel!

A todos los que leyeron los capítulos del manuscrito, que hicieron preguntas conmovedoras, que me ayudaron a ordenar mis pensamientos, que me dieron su opinión y me proporcionaron ideas de promoción o edición, ¡gracias! Cuando estaba orando en la preparación de este libro, sentí que Dios confirmaba que él estaba reuniendo a su equipo para este proyecto. Hay demasiados que podría mencionar por nombre, pero sepan que estoy profundamente agradecida por su valiosa ayuda y experiencia aportada.

Un agradecimiento especial a Rachel y Francine, las compañeras piadosas que viajaron conmigo durante la redacción de este libro.

Este proyecto no hubiera sido posible sin el amor y el apoyo de mi esposo y mis hijos, quienes continuamente me inspiran a medida que descubrimos la aventura de vivir juntos en la bendición de Dios. Que Dios nos conceda la gracia, como individuos y como familia, para vivir siempre vidas piadosas en una cultura impía.

Introducción

Durante los últimos 15 años, ha sido un honor para mí pasar muchas horas conversando con líderes jóvenes en diversos contextos. Mientras escucho sus luchas, preguntas y anhelos, me doy cuenta de que cada vez enfrentan más decisiones y situaciones complejas con las cuales no estamos familiarizados y que a veces no reconocemos quienes ya tenemos años de experiencia en liderazgo. Esto es verdad, ya sea que se encuentren en planteles universitarios; trabajando en sus iglesias locales, comunidades o negocios; o sirviendo en misiones o en el ejército. Como resultado, me doy cuenta de que muchas organizaciones, escuelas y ministerios están entrenando líderes jóvenes para un mundo que ya no existe. Les pedimos que "cumplan sus obligaciones" mientras estamos fallando en equiparlos con las habilidades que necesitan desesperadamente para conseguirlo.

A medida que las tendencias culturales muestran un creciente antagonismo hacia Dios, los líderes piadosos enfrentan la difícil tarea de navegar en un ambiente cambiante. Las experiencias pasadas de muchos mentores de ahora difieren significativamente de las de los líderes jóvenes a quienes les enseñan. Hoy en día estamos aprendiendo a expresar nuestra fe de una manera convincente en las redes sociales, a navegar en los puntos de vista cambiantes sobre género y sexualidad, a fortalecer el ministerio fuera de las paredes de la iglesia y a comunicar la verdad bíblica a aquellos que creen que los cristianos son detestables y de mente cerrada. Como resultado, esta época requiere de líderes de todas las edades que descubran lo que significa ser un líder piadoso dentro de una cultura compleja e impía.

Estoy convencida de que vivimos en un período de la historia como aquel en el que vivió el profeta Daniel. Durante muchos años, fuimos líderes en nuestro propio Judá, en donde nuestra fe armonizó con la cultura a nuestro alrededor. Sin embargo, ahora Dios nos está llamando a ser líderes en un tipo de Babilonia en donde nuestra fe muestra un evidente contraste con la cultura en la que vivimos. Este libro describe el desafío de Daniel y sus amigos, el cual refleja el desafío de los líderes piadosos de hoy. Tal como el entorno de Jerusalén difería al del palacio de Nabucodonosor, el contexto en el cual los líderes jóvenes cristianos navegan hoy en día es muy diferente al que experimentaron sus antecesores. Debemos luchar con preguntas difíciles sobre lo que significan los cambios para nosotros, para nuestra fe y liderazgo, y para las iglesias y las organizaciones a las que servimos.

Mi propósito al escribir este libro es ofrecer una herramienta para facilitar la comprensión intergeneracional y la conversación respecto a lo que se demanda hoy de los líderes piadosos. Los líderes *Millennials* y de la Generación Z necesitan esperanza, aliento y prácticas de liderazgo efectivas para un futuro incierto. La historia de Daniel, sus amigos y su pueblo en el exilio proporcionan exactamente eso. Este libro examina la vida de Daniel y la usa como modelo para aprender a salir adelante en un contexto de impiedad. A pesar de los increíbles desafíos, Daniel obtuvo el favor de aquellos a quienes servía y, como resultado, pudo influir en las personas más impías y poderosas de su época. Hoy en día, Dios está llamando a líderes jóvenes a enfrentarse a un desafío similar. Es mi oración que la siguiente discusión anime a una generación de Danieles a mantenerse firme en los tumultuosos días que están por venir.

Para aquellos de nosotros que tuvimos el privilegio de liderar en el Judá del pasado, la pregunta continúa siendo: ¿cómo estamos discipulando a los Danieles de hoy en día para liderar en un contexto que nunca podremos comprender por completo? Debemos aprender a aceptar nuevos modelos de mentoría, capacitación y desarrollo de liderazgo. En algunos casos, esto significará ajustar nuestras expectativas o volver a las disciplinas espirituales y de liderazgo fundamentales que cada vez se encuentran más en peligro. Mientras nos preparamos para pasar la batuta de liderazgo a la próxima generación, el entendimiento de la historia problemática de Judá será invaluable. Esta es una generación que verá al cuarto hombre dentro del fuego y al ángel en el foso de los leones. Como líderes experimentados, debemos animar y equipar a los líderes de una nueva generación como Daniel mientras navegan en su propia época de liderazgo.

PARTE I

El mundo de una generación como Daniel

CAPITULO 1

Nuestro momento en la historia

Una generación que ignora la historia no tiene pasado ni futuro.
—Robert A. Heinlein

A algunas personas les gustan las sorpresas. A mí no. A mí me gusta planear; me gusta saber lo que está pasando y por qué. Recientemente experimenté una situación en un programa para jóvenes donde soy voluntaria, que produjo algo de ansiedad por mi personalidad amante de la estrategia. Durante años había enseñado con este mismo programa sin fines de lucro. Sabía dónde encontrar los libros y el papel, a quién contactar si estaba enferma y requería de un suplente, y sabía los nombres de mis compañeros voluntarios. Entendía nuestras metas y propósitos tan bien que los demás venían a mí con sus preguntas sobre la planeación de lecciones y la gestión de recursos. Servir en ese lugar se sentía familiar y satisfactorio.

Entonces, casi de la noche a la mañana, las cosas comenzaron a cambiar. Aparecieron nuevos cuadros y muebles en mi salón de clases. El papel y los libros desaparecieron de su lugar habitual. Llegaron nuevos voluntarios con diferentes ideas sobre cómo manejar la clase que yo enseñaba. Yo ya no sabía cuál era nuestro propósito y luchaba por tener claro lo que se esperaba de mí. Después de años de servir con confianza y pasión, ahora me sentía confundida y enojada. Una parte de mí solo quería dejarlo todo.

Un director nuevo se había quedado a cargo del programa. Los directores nuevos traen ideas nuevas, métodos diferentes y personas nuevas. Aunque a menudo es necesario, el cambio puede producir frustración cuando no entendemos lo que está pasando ni por qué. En este caso, los maestros con experiencia como yo, estábamos confundidos y los nuevos voluntarios se sentían frustrados. Los recién llegados pensaron que nos negábamos o que simplemente no estábamos haciendo las cosas de la manera correcta. Capacitados bajo nuevas pautas, no conocían nada del sistema antiguo ni de nuestra necesidad de ponernos al día. A medida que nos comprometíamos a construir juntos un programa más sólido, necesitábamos desesperadamente entendernos a la luz de lo que había ocurrido durante la transición del liderazgo.

Los líderes en todas partes enfrentan situaciones como la de nuestro equipo de voluntarios. En las últimas dos décadas ha ocurrido una transición importante en nuestra sociedad, la cual está resultando en nuevas expectativas, valores y normas. Como resultado, los líderes con experiencia a menudo se encuentran luchando por comprender cómo navegar en este nuevo contexto. Los líderes jóvenes pueden sentirse frustrados e impacientes cuando sus mentores o maestros fracasan al comprender y adaptarse al mundo tal como es. El liderazgo efectivo en los próximos días requerirá que nos unamos para entender lo que Dios está haciendo en este momento de la historia.

En las siguientes páginas, a medida que profundizamos en los cambios que ocurren a nuestro alrededor, espero fomentar una conversación entre líderes piadosos de todas las edades. Creo que esta discusión requiere de una comprensión de la transición cultural actual y cómo esta impacta nuestras perspectivas. Algunos de nosotros hemos sido testigos de los cambios dramáticos en nuestro mundo y conocemos muy bien la incertidumbre que conlleva un trastorno significativo. Para otros, el mundo de hoy es todo lo que hemos conocido. Necesitamos información para comprender qué está cambiando y por qué es importante. La primera sección de este libro hablará de estos cambios y definirá el contexto en el que debemos liderar hoy en día.

Nuestra generación no es la primera en experimentar un cambio significativo. Como el historiador Peter Drucker explica, «cada pocos cientos de años se produce una aguda transformación en la historia occidental […] la sociedad se reorganiza […] su visión del mundo; sus valores básicos; su estructura política y social; sus artes y sus instituciones clave. En estos momentos estamos viviendo una transformación semejante».[1] Los trastornos culturales marcan a cada civilización a través de la historia. Por lo tanto, debemos aprender las lecciones de otros que navegaron sus propias épocas de cambio.

Para guiar nuestra discusión sobre cómo luce el liderazgo piadoso dentro de una cultura cada vez más impía, consideraremos al profeta Daniel, el cual lideró durante una época increíblemente complicada. Daniel creció en Judá bajo el reinado del rey Josías. El rey Josías había buscado hacer volver al pueblo de Judá a Dios, pero después de su muerte, la nación continuó en su idolatría. A pesar de las muchas advertencias de los profetas de Dios, el pueblo se rehusó a cambiar. Como resultado, Dios envió a Nabucodonosor a invadir y conquistar Judá. El rey Nabucodonosor tomó a muchos judíos y los llevó en exilio a Babilonia. Durante este tiempo, Daniel y sus jóvenes amigos fueron llevados en cautiverio. Dios le concedió su favor a Daniel, y con el tiempo obtuvo una posición alta. Al hacerlo, sin embargo, tuvo que aprender a ser un líder piadoso en el contexto de la Babilonia de Nabucodonosor, un lugar muy diferente a Judá.

En la segunda sección de este libro, daremos una mirada profunda a las prácticas esenciales de liderazgo de Daniel y sus amigos que les permitieron prosperar en un ambiente impío. Consideraremos cómo lucirían esas prácticas en nuestra propia sociedad global tecnológicamente avanzada, una a la que David Kinnaman, presidente del Grupo Barna, se refiere como nuestra «Babilonia digital».[2] Esta sección del libro está orientada hacia los líderes *Millennials* (n. 1980-1995) y de la Generación Z (n. 1996-2012). Sin embargo, las lecciones y los principios de la vida de Daniel son aplicables a líderes piadosos sin importar la edad.

En la sección final de este libro, consideraremos qué perspectivas deberían orientar las filosofías y expectativas de liderazgo a medida que miramos hacia un futuro desconocido. ¿Cómo se ve liderar bien en medio de la incertidumbre y preparar a los futuros líderes para lo que está por venir? ¿Cómo posicionamos nuestras iglesias, organizaciones, comunidades y estudiantes para lo que Dios hará más allá de este momento en la historia?

Daniel y sus amigos vivieron durante un tiempo crucial en la historia del pueblo de Dios. El exilio de los judíos en Babilonia marcó un cambio histórico que tuvo consecuencias duraderas para ellos y para el mundo. Es en momentos históricos tan críticos como este, que Dios llama a una generación única de líderes a mantenerse fieles. Me refiero a este grupo como una «generación como Daniel». Estoy convencida de que este momento en la historia marcará nuestro mundo para las generaciones venideras ¡Es hora de que una nueva generación de líderes como Daniel ocupe su lugar!

Reflexiones y aplicaciones

¿Qué cosas consideras como cambios y tendencias importantes en nuestra sociedad de hoy? ¿Cuál es tu respuesta a esos cambios?

¿Qué crees que es más fundamental para un liderazgo efectivo en tiempos de cambio y transición? ¿Por qué?

Notas

1 Peter Drucker, Post-Capitalist Society (disponible como La sociedad poscapitalista) (New York: Harper Collins, 1993), 1.

2 Gen Z: The Culture, Beliefs and Motivations Shaping the Next Generation [Generación Z: La cultura, las creencias y las motivaciones que están formando la siguiente generación] (Barna and Impact 360 Institute), 2018, 9.

CAPITULO 2

Terremoto cultural

Cultura es el nombre de aquello que le interesa a las personas, sus pensamientos, sus modelos, los libros que leen […] los valores que aprecian.

—Walter Lippmann

La mayoría de las mañanas, me despierto sintiéndome obligada a tomar mi teléfono para descubrir qué sucedió en el mundo mientras yo dormía, para revisar qué están haciendo mis amigos y conectarme con otros antes de comenzar mi día. Desafortunadamente, hacer esto rara vez es una práctica edificante. Una revisión de cinco minutos de mis noticias y de mis redes sociales generalmente revela a otro líder corrupto, unos cuantos desastres naturales más, varios problemas financieros, enfermedades, males, egoísmo, ira y angustia ¡Raramente he soltado mi teléfono sintiéndome mejor acerca de la vida que cuando lo tomé!

La tecnología nos permite ver lo que está sucediendo en todo el mundo en cualquier momento. Gran parte de lo que aprendemos se filtra a través de un flujo interminable de opiniones y emociones. No podemos evitar sentir tensión por cualquier ámbito de nuestra sociedad. Ya sea que las personas estén hablando de política, economía, relaciones, normas sociales o sobre sus experiencias al conducir hacia la escuela o al trabajo, sentimos miedo, frustración, ira y confusión. Nuestra cultura se encuentra en un estado de transición, y el terremoto social resultante está revelando una incertidumbre, división e interés propio profundos. Como líderes, entender este contexto puede ayudarnos a estar preparados para lo que enfrentaremos mientras navegamos en una sociedad que desesperadamente necesita esperanza y propósito.

La vista de 12 000 metros

¡Me encanta volar! Hay algo sobre ver el mundo desde una altura de 12 000 metros que siempre me da una perspectiva diferente sobre lo que, de otra manera, podrían parecer características ordinarias. Desde mi elevado mirador puedo ver el hermoso mosaico de campos y olvidar por un momento que estos consisten de rocas, tierra y plantas. Incluso el camino de un río parece sorprendente por encima del sonido del agua acariciando la orilla. De la misma manera, la historia nos brinda una vista extraordinaria de 12 000 metros hacia la cultura al proporcionarnos un amplio contexto de los comportamientos, las actitudes y las perspectivas que vemos cuando estamos en el suelo con un punto de vista limitado.

Nuestros valores, lo que creemos que es importante, nos brindan la base de la cultura. Los valores determinan nuestros estándares morales y éticos. Uno de los cambios más importantes que puede ocurrir en la cultura es un cambio en lo que valoramos y cómo determinamos lo que es correcto y lo que es incorrecto. Cuando se producen cambios en lo que conocemos como moralidad, se sacuden los cimientos de las sociedades. Imagina por un momento las placas tectónicas que existen muy por debajo de la superficie de la tierra. A medida que se mueven, toda la superficie de la tierra encima de ellas también lo hace. Los edificios se derrumban, se abren abismos y la corteza terrestre es desplazada por el terremoto resultante. El paisaje después de un terremoto puede verse radicalmente diferente a como se veía antes, y a menudo requiere una reconstrucción significativa de las áreas afectadas. Esto es lo que sucede cuando redefinimos los valores fundamentales de cómo vivimos e interactuamos entre nosotros. En otras palabras, experimentamos un terremoto cultural.

Hace aproximadamente 400 años, sucedió un cambio cultural de esta magnitud. Los historiadores definen la era anterior a la década de 1600 como el período premoderno, un momento en que la mayoría de la humanidad creía en lo divino o lo sobrenatural. Dios, o el reino sobrenatural, proporcionaba la base para la verdad, la moralidad y la razón, pero eso comenzó a cambiar. El siglo XVII produjo los estruendos de un cambio cultural masivo. Comenzando con el Renacimiento y reforzado por la Ilustración y la Revolución Industrial, la base de cómo determinábamos la verdad cambió.

Los autores Josh y Sean McDowell explican: «En el Renacimiento, el hombre (no Dios) se volvió central; en la

Ilustración, la razón del hombre se volvió trascendente».[1] Ellos describen cómo la Revolución Industrial, con sus inventos, innovaciones y mejoras, resultó en hombres y mujeres siendo testigos del progreso a su alrededor. Buscaron en ellos mismos esperanza y orientación en lugar de buscar a Dios o al reino sobrenatural para dirección. Como sociedad, la ciencia y la razón humana nos ayudaron a determinar la verdad. Esto marcó el comienzo de la Era Moderna, un período en la historia conocido por su fe en las realidades objetivas, la ciencia y la razón.

A medida que la humanidad se acercaba al siglo XXI, la sociedad experimentó la agonía de otro cambio sísmico. Las ideas y los valores posmodernos superaron rápidamente a los valores atesorados de la era moderna. La posmodernidad, por ejemplo, afirma que no hay una base universal para la verdad o la moralidad. Todos los valores, creencias y sistemas previamente abrazados son dudosos y deben cuestionarse. Nuestra base para la verdad se trasladó de Dios a la ciencia, y ahora a nuestras propias preferencias y perspectivas. Este cambio más reciente está creando un terremoto cultural de proporciones inmensas. Sus efectos se ven por todas partes desde las redes sociales hasta la política internacional, las relaciones familiares y los cambios económicos.

Cuando considero la tendencia en nuestra cultura hacia las verdades autodeterminadas, al elegir creer lo que nos hace sentir bien en el momento, se me ocurre que podríamos estar practicando la forma más alta de idolatría. Muchas otras culturas y pueblos adoraban a dioses e ídolos falsos a lo largo de los años, pero en la mayoría de los casos, aun se inclinaron, rindieron y humillaron ante algo que creían que era más grande que ellos. Hoy en día, nos declaramos creadores de nuestra propia verdad. Al hacerlo, nos hacemos dioses sujetos a principios, reglas o autoridades no superiores a nosotros mismos. Hay muy poco sentido de obligación hacia una ley o regla superior a nuestras propias emociones o perspectivas.

Sobre el terreno

Entonces, ¿cómo se ve este cambio cultural masivo en nuestras interacciones y actividades diarias? Si bien hay demasiados cambios para verlos detalladamente, analicemos algunos que considero más importantes. Estos afectan muchos de los otros comportamientos, actitudes y perspectivas que representan el cambio que ha ocurrido.

De la imprenta al Internet

Uno de los factores importantes en el cambio cultural de la era premoderna a la era moderna fue la invención de la imprenta. Cuando terminó la era premoderna, la invención de la imprenta por Johannes Gutenberg a mediados de la década de 1400 se convirtió en un catalizador para la era moderna. En 1455, se imprimieron y vendieron a las masas las primeras 200 copias de la Biblia. Por primera vez, la gente común tenía acceso a las Escrituras, así como a otra información que impulsaba el crecimiento de la ciencia, la tecnología y la escolaridad. La información y el formato de libros sirvieron considerablemente para influir en nuestros pensamientos y comportamientos. El investigador Nicholas Carr explica:

UNA GENERACIÓN COMO DANIEL

> Durante los últimos cinco siglos, desde que la imprenta de Gutenberg hizo que la lectura de libros fuera una búsqueda popular, la mente lineal literaria ha sido el centro del arte, la ciencia y la sociedad. Tanto adaptable como sutil, ha sido la mente imaginativa del Renacimiento, la mente racional de la Ilustración, la mente ingeniosa de la Revolución Industrial, y aun la mente subversiva del Modernismo. Puede que pronto sea la mente del ayer.[2]

Los libros reforzaron los valores de la Era Moderna. Escritos en una forma lineal con hechos y lógica para respaldar sus afirmaciones, ellos influyeron la forma en que pensamos.

En 1991, se introdujo por primera vez un invento tan importante como la imprenta. Un programador de computadoras llamado Tim Berners-Lee presentó la Red Informática Mundial [World Wide Web]. De pronto la idea de las computadoras en red, una tecnología que había existido durante décadas, era una realidad accesible para las personas ordinarias. Con la introducción del Internet y en 2007, del iPhone, se ha revolucionado las formas en las que obtenemos información, nos comunicamos globalmente y gestionamos nuestras relaciones. Estos avances tecnológicos influyen en nuestro conocimiento e interacciones y, como ahora lo muestran las investigaciones, reconfiguran nuestros cerebros. Nicholas Carr dice:

> Parece que hemos llegado a un momento importante en nuestra historia intelectual y cultural, un momento de transición entre

dos modelos de pensamiento [...] tranquila, concentrada, sin distracciones, la mente lineal está siendo dejada de lado por un nuevo tipo de mente que quiere asimilar y distribuir información en ráfagas cortas, desarticuladas y a menudo superpuestas, cuanto más rápido, mejor.[3]

Carr explica cómo nuestros períodos de atención están disminuyendo y nuestra habilidad de pensar está siendo profundamente amenazada. Hemos desarrollado la habilidad de echar un vistazo y clasificar información a velocidades más rápidas. Debido a que todavía estamos en la primera fila de este cambio, los efectos a largo plazo en nuestras mentes, relaciones y sociedad aún no se conciben por completo.

De la objetividad a la subjetividad

Otra forma en la que el cambio cultural influye en nuestras vidas, al menos a corto plazo es en cómo tomamos decisiones. Durante presentaciones recientes en los planteles universitarios, le pedí a los estudiantes que indicaran cómo toman decisiones y en qué se basan al hacerlo, si en hechos o en emociones. Aproximadamente el 80 por ciento de los estudiantes en cada plantel indicaron que toman decisiones basadas en la emoción. Esto representa un cambio. En el pasado, el pensamiento moderno nos enseñó a tomar decisiones objetivas basadas en lo que pudiéramos probar. Confiábamos en que la ciencia, los hechos, la lógica y la razón nos guiarían a los mejores resultados. El pensamiento posmoderno, sin embargo, nos enseña a tomar decisiones basadas en lo que sentimos que es lo correcto. Hoy en día, muchos de nosotros confiamos en nuestras emociones, historias y experiencias para determinar lo que es mejor para nuestras vidas.

De lo predecible a lo incierto

En épocas de estabilidad cultural, de alguna forma podemos predecir los resultados de ciertos comportamientos. Durante muchas décadas en los Estados Unidos, por ejemplo, se sabía que, si se trabajaba duro y se pagaban la hipoteca e impuestos, por lo general se podía gozar de promociones, aumentos, una casa y seguridad social o pensión. Hoy en día, vivimos en un mundo impredecible que cambia rápidamente. En las décadas pasadas, fuimos testigos de múltiples ataques terroristas y una importante recesión económica. Hemos visto empleados de calidad perder sus trabajos a medida que se acercaban a la jubilación, hemos visto familias trabajadoras perder sus hogares, y a las grandes empresas obtener pases gratuitos para rescates financieros del gobierno. Las consecuencias parecen confusas e injustas, ya que quienes trabajan duro generalmente batallan y quienes son corruptos evaden el castigo. Vemos eventos en vivo en todo el mundo las 24 horas del día, los 7 días de la semana y tememos que nos pueda pasar algo en cualquier momento. Una sensación de incertidumbre impregna nuestra visión de la vida y, como consecuencia, de nuestras acciones. El temor, el escepticismo y vivir para el momento son respuestas comunes a esta incertidumbre.

Nativos posmodernos

A menudo me preguntan qué es lo que hace tan únicos o diferentes a los *Millennials* y la Generación Z de las generaciones antiguas. Los jóvenes hoy en día son lo que yo llamo «nativos posmodernos». Han sido criados, educados e influenciados por la cultura emergente. Entienden intuitivamente los valores posmodernos. Incluso si algunos son más modernos en su pensamiento, viven en una cultura con compañeros que son posmodernos en sus perspectivas y acciones. Muchos adultos mayores también son posmodernos en su pensamiento, pero es más probable que hayan crecido o hayan sido educados de acuerdo con las perspectivas modernas. Como resultado, a menudo retienen algunos de los puntos de vista y comportamientos del modernismo. Esto es frecuentemente el corazón del conflicto generacional y los malentendidos.

Crisis de identidad

Como mencionamos anteriormente en este capítulo, las perspectivas están cambiando. Los valores que alguna vez se apreciaron ahora están siendo descartados. Las instituciones establecidas y los métodos están siendo cuestionados y a menudo rechazados. Las influencias del posmodernismo, el relativismo moral, la tecnología y la globalización están reordenando los cimientos de nuestra sociedad. Si bien, los detalles de todos estos cambios están más allá del alcance de esta discusión, recomiendo algunos libros en la lista de recursos que exploran aún más el cambio cultural que estamos experimentando.

En medio del resultante caos por el cambio, los creyentes hoy en día deben lidiar con preguntas importantes sobre lo que creemos y cómo responderemos al entorno que nos rodea. Algunos líderes, especialmente los líderes con experiencia, pueden sentir que todo lo que sacrificaron y por lo que trabajaron está siendo atacado. Las instituciones religiosas, desde agencias misioneras, hasta iglesias, escuelas y organizaciones sin fines de lucro, seminarios, editoriales y grupos de ayuda, están enfrentando una crisis de identidad. Nos vemos obligados a considerar cómo entendemos y definimos la verdad y cómo permitimos que ello oriente nuestras decisiones y comportamientos. Con demasiada frecuencia nos sentimos atrapados entre aquellos que intentan aferrarse a los métodos y puntos de vista pasados y la influencia y presión abrumadoras de nuestra cultura que nos arrastra hacia la aceptación de nuevos ideales y perspectivas. La cuestión apremiante para los líderes de hoy en día es cómo pasar este terreno cambiante mientras permanecemos fieles a lo que Dios nos ha llamado a ser. En el próximo capítulo examinaremos más de cerca el complejo panorama cultural que Daniel atravesó en su propia época de liderazgo.

Reflexiones y aplicaciones

¿Fui criado con una perspectiva moderna o posmoderna del mundo? ¿Cuál es mi perspectiva hoy en día y cómo ha cambiado?

¿Cómo defino la verdad? ¿Cómo tomo mis decisiones? ¿Mis enfoques se basan en la Biblia o en la cultura?

TEREMOTO CULTURAL

Notas

1 Josh McDowell and Sean McDowell, The Beauty of Intolerance: Setting a Generation Free to Know Truth and Love [disponible como ¿Tolerancia o intolerancia?] (Uhrichsville: Shiloh Run Press, 2016), 61.

2 Nicholas Carr, The Shallows: What the Internet is Doing to Our Brains [disponible como Superficiales: ¿Qué está haciendo Internet con nuestras mentes?] (New York: W.W. Norton & Company, 2011), 10.

3 Nicholas Carr, The Shallows, 10.

CAPITULO 3
Judá ha caído

Concentren su atención en las cosas de arriba, no en las de la tierra.
—Colosenses 3:2

Hace un año, pasé por una temporada difícil. Estaba plagada de ansiedad. Luchaba para poder dormir, me despertaba con frecuencia en medio de la noche y desarrollé una úlcera debido a la preocupación. ¿Cuál era la fuente de mi preocupación? Estaba estresada sobre el liderazgo y algunos problemas en la iglesia. Para empeorar las cosas, también me preocupaban mi negocio y mis finanzas. Las relaciones importantes en mi vida parecían tensas y el dolor crónico de una lesión en ocasiones me abrumaba. La angustia evidente en las conversaciones a mi alrededor con respecto a la política, los problemas mundiales y las injusticias solo alimentó mi ansiedad. El lente de preocupación, a través del cual veía los desafíos en mi vida y en el mundo, nubló mi entendimiento.

En épocas de incertidumbre y cambio es natural sentirse ansioso, pero en mi propio recorrido, estoy aprendiendo que Dios quiere ayudar a sus hijos fieles a ir más allá de lo natural. Esto no significa que no lucharemos con esos sentimientos naturales, pero él quiere darnos una perspectiva que nos permita liderar con valor aun en tiempos turbulentos.

Durante la caída de Judá y el exilio subsecuente, vemos a varios líderes piadosos que actuaron con valentía a pesar de sus temores naturales. Esperaron con confianza en los propósitos de Dios no solo para ellos, sino también para su pueblo y su patria. ¡Su ejemplo puede proporcionarnos una poderosa inspiración para nosotros hoy!

La caída de Judá

Miremos más de cerca a Judá alrededor del año 600 a.C. cuando Daniel era un niño. Los profetas habían estado advirtiendo al pueblo por años que las cosas necesitaban cambiar. Si el pueblo se rehusaba a arrepentirse, Judá inevitablemente caería ante sus enemigos. El pueblo no podía creer que les esperara tan horrible destino. ¡Parecía imposible! Después de todo, Judá era el lugar de las promesas de Dios y de su cumplimiento. Ahí estaba la ciudad santa, Jerusalén, y su amado templo.

Años antes, cuando Dios sacó a los judíos de Egipto, les dio instrucciones detalladas sobre cómo construir un tabernáculo en el desierto. Esta tienda de reunión temporal representaba el deseo de Dios de habitar y establecer su presencia entre ellos. Después de años de espera, de luchar en muchas batallas y de experimentar mucho sacrificio, Dios le permitió a su pueblo construir un tabernáculo permanente. En el templo estaba situada el Arca del Pacto. También era el lugar donde los sacerdotes ofrecían los sacrificios y el sumo sacerdote entraba al lugar santísimo para encontrarse con Dios.

Sin embargo, poco a poco el pueblo se alejó de la verdadera adoración a Dios. Los profetas Jeremías y Ezequiel expusieron la presencia de ídolos en el templo del Señor.[1] Vieron que el Dios de Israel era solo uno más de los muchos dioses que el pueblo estaba adorando y tratando de agradar. En Jeremías capítulo 44, vemos la respuesta del pueblo a la advertencia del profeta de volverse de su adoración a otros dioses: «La palabra que nos has hablado en nombre de Jehová, no la oiremos de ti». Desafiantemente declararon:

> Sino que ciertamente pondremos por obra toda palabra que ha salido de nuestra boca, para ofrecer incienso a la reina del cielo, derramándole libaciones, como hemos hecho nosotros y nuestros padres, nuestros reyes y nuestros príncipes, en las ciudades de Judá y en las plazas de Jerusalén.[2]

La arrogancia de su respuesta es escalofriante. Sin embargo, mientras leo esto estoy convencida de que en mi propio corazón puede existir una actitud semejante a esa. ¿Sigo a Dios y a su Palabra firmemente en lugar de insistir en hacer lo que yo quiero? ¿Qué cosa adoro y considero prioridad por encima de él?

Judá y sus reyes se negaron a escuchar las advertencias de los profetas cuando les ordenaron apartarse de sus caminos de idolatría. Su desobediencia finalmente los condujo a la invasión de Babilonia y al exilio que tuvo lugar entre los años 605-586 a.C. Esto ocurrió en tres etapas con invasiones que comenzaron en el año 605 a.C. cuando Daniel y sus amigos fueron llevados a Babilonia; en 597 a.C. cuando el rey Joacim fue capturado y la invasión final en 586 a.C., cuando el templo fue destruido. El primer capítulo del libro de Daniel narra la invasión inicial:

> En el año tercero del reinado de Joacim de Judá, el rey Nabucodonosor de Babilonia vino a Jerusalén, y la sitió. Y el Señor permitió que Joacim cayera en manos de Nabucodonosor. Junto con él, cayeron en sus manos algunos de los utensilios del templo de Dios; los cuales Nabucodonosor se llevó a Babilonia y puso en el tesoro del templo de sus dioses.[3]

Este pasaje nos muestra claramente que el Señor entregó al rey de Judá en manos de Nabucodonosor y que usó al malvado gobernante para hacer su voluntad. ¡¿Cómo es posible?! Las acciones de Dios deben haber parecido inconcebibles para el pueblo. Nabucodonosor no solo invadió, mató y se llevó a muchas personas, pero también tomó artículos del templo de Dios antes de destruirlo. La devastación que sintió el pueblo de Dios cuando el templo fue destruido es algo que no podemos comprender. Su significado y su valor estaban profundamente arraigados a su historia y cultura, sin embargo, Dios quería sus corazones, y para recuperarlos, estaba dispuesto a despojarlos de todo aquello que adoraban por encima de él. Daniel deja en claro que Dios estaba orquestando este tiempo de quebrantamiento en Judá. Fue durante esta época de incertidumbre increíble, devastación y agitación, que Daniel y sus amigos fueron llamados a ser líderes.

Respondiendo al cambio

Como pueblo de Dios, quienes vivimos hoy en nuestro propio período de cambio, deberíamos sentirnos animados. Dios no fue sorprendido por las acciones de Nabucodonosor, y tampoco lo es por los cambios a los que nos enfrentamos. Entonces, si Dios nos está llevando por un tiempo de agitación, ¿cuál debería ser nuestra respuesta? En los días de Daniel, vemos tres reacciones por lo que sucedió en Judá.

Durante este tiempo, algunos judíos se rehusaron a aceptar lo que estaba sucediendo. En lugar de hacerlo, escogieron vivir en negación. La advertencia del profeta en Jeremías 27 indicaba que aquellos que permanecieran en la ciudad de Jerusalén serían destruidos junto con la ciudad. Puedo imaginar a algunos de ellos aferrados a los pilares del templo negándose a creer lo que se les había dicho. Ellos cayeron junto con el templo. Este primer grupo estaba formado por aquellos que escogieron la negación.

El segundo grupo se puede clasificar como el de los molestos. A estos les enfadaba el hecho de estar en exilio ¡Esto no era lo que *ellos* querían! En lugar de invertir su tiempo y energía en sacar lo mejor de su vida en una tierra extranjera, simplemente querían volver a casa a su vida cómoda y familiar en Judá. En Jeremías 29:4-7, encontramos palabra de Dios para ellos:

> Así dice el Señor Todopoderoso, el Dios
> de Israel, a todos los que he deportado de

Jerusalén a Babilonia: «Construyan casas y habítenlas; planten huertos y coman de su fruto. Cásense, y tengan hijos e hijas; y casen a sus hijos e hijas, para que a su vez ellos les den nietos. Multiplíquense allá, y no disminuyan. Además, busquen el bienestar de la ciudad a donde los he deportado, y pidan al Señor por ella, porque el bienestar de ustedes depende del bienestar de la ciudad».

Puede sorprendernos, pero Dios no está tan preocupado por nuestra comodidad y felicidad como creeríamos. Está más interesado en nuestra obediencia y fidelidad hacia él. Su deseo de bendecirnos es según sus términos y no los nuestros. Los que se molestaron querían las cosas a su manera. Dios está buscando a quienes estén dispuestos a hacer las cosas a la manera de él.

Daniel y sus amigos pertenecían al tercer grupo, los fieles. Este grupo representa a aquellos que entendieron los tiempos en que vivieron. Estaban dispuestos a cumplir el propósito y las intenciones de Dios, incluso si eso significaba renunciar a sus propios derechos y comodidades. Dios usó a este grupo de personas de manera poderosa a través del período de exilio y la restauración posterior. Ester, quien arriesgó su vida para proteger a los judíos en el exilio, y Esdras y Nehemías, los dos hombres que eventualmente guiaron a un gran número de exiliados por una peligrosa aventura para reconstruir Jerusalén, son otros de los pocos fieles.

Entonces, ¿a cuál de estos grupos pertenecemos? ¿Somos contados entre los que niegan la realidad, que ven la cultura de hoy y se rehúsan a aceptar los cambios que están ocurriendo a nuestro alrededor? ¿Pertenecemos al grupo de los molestos, dispuestos a servir a Dios solo si eso involucra las comodidades, preferencias y puntos de vista que nos hacen sentir bien? ¿O, como Daniel, Jeremías, Ester y Esdras, estamos dispuestos a aceptar lo que Dios está haciendo en nuestros días y cómo está preparándonos para ser parte de su obra? Sí, Judá cayó ante Nabucodonosor, pero los propósitos de Dios permanecieron. Esta es una esperanza a la que podemos aferrarnos independientemente del período turbulento de la historia en el que nos encontremos.

Las cosas de arriba

El año pasado, en mis momentos desesperantes de ansiedad, clamé a Dios. Inmersa en miedo, quería culpar a mis circunstancias, a otras personas y al mundo loco en el que vivimos por mis oscuros pensamientos. Dios me dijo gentilmente que la fuente de mi ansiedad recaía en mi propia desobediencia a su Palabra. En Colosenses 3:1-2, Pablo escribe: «Ya que han resucitado con Cristo, busquen las cosas de arriba, donde está Cristo sentado a la derecha de Dios. Concentren su atención en las cosas de arriba, no en las de la tierra». Cuando me enfocaba en las noticias, las opiniones de mis amigos en las redes sociales, el saldo en mi cuenta bancaria, o el dolor en mi cuerpo, más que en las cosas celestiales, no podía ser eficiente en mi servicio a Dios y en liderar a otros.

Era más fácil hablar de la importancia de controlar mis pensamientos que realmente hacerlo. Sin embargo, mi disposición a escuchar y obedecer a Dios me llevó en un viaje hacia la paz. Me di cuenta que tenía que restablecer intencionalmente ciertas prácticas piadosas en mi vida y en mi rutina diaria. Mientras buscaba ayuda, Dios proveyó el apoyo en oración y la consejería que necesitaba. Sin embargo, lo más importante fue que le pedí a Dios que me ayudara a cumplir su mandamiento de enfocar mi mente en las cosas de arriba. Hice una lista en mi diario de esas cosas que son amables, puras y justas. Cuando me encontraba a mí misma comenzando a preocuparme u obsesionarme por cosas terrenales, elegía intencionalmente pensar en esas cosas que están alineadas con la Palabra de Dios. Algunos días fallé miserablemente, y aún lo hago, pero poco a poco comencé a ver el mundo a través de un lente diferente. La desesperanza de este mundo dio paso a la esperanza celestial.

Para vivir como líderes piadosos en tiempos inciertos, se necesita una mente enfocada en las cosas de arriba. Comprenderemos la importancia de esta perspectiva a medida que continuemos hablando sobre la vida y el liderazgo de Daniel. Algo que debemos perseguir activamente a través de tiempos cambiantes en nuestra propia jornada de liderazgo es tener una mentalidad celestial. Solo así tendremos el lente correcto para abordar los cambios a los que nos enfrentamos. Cuando nos concentramos en lo que Dios está haciendo en lugar del caos del mundo a nuestro alrededor, veremos sus propósitos perfectos cumplidos—incluso si Judá ha caído.

Reflexiones y aplicaciones

¿Cuál es mi respuesta ante los desafíos de nuestra cultura de hoy en día? ¿En qué maneras soy alguien que niega la realidad, alguien molesto o un fiel hijo de Dios?

¿Cómo respondo ante la ansiedad, el miedo y la preocupación? ¿Qué me está exhortando Dios a cambiar sobre cómo veo y respondo a los desafíos en mi vida, mi liderazgo y el mundo?

Notas

1. Jeremías 32:33-34; Ezequiel 8
2. Jeremías 44:16-18
3. Daniel 1:1-2

CAPITULO 4
El desafío de Daniel

Como tú me enviaste al mundo, yo los envío también al mundo.
— Juan 17:18

En la película clásica, *El Mago de Oz*, la joven Dorothy hace una observación angustiosa: «¡Toto, tengo la sensación de que ya no estamos en Kansas!».[1] De hecho, Dorothy y Toto son arrastrados por un tornado y lanzados a la misteriosa Tierra de Oz. Pasan por un camino de ladrillos amarillos, hablan con un Espantapájaros, con el Hombre de Hojalata y con el León Cobarde y se unen a ellos como compañeros de viaje para ir a ver al gran Oz ¡La Tierra de Oz demuestra ser un lugar muy diferente a Kansas!

El viaje de Daniel comenzó de forma parecida al de Dorothy, con un dramático cambio de escenario. Si bien, no había espantapájaros u hombres de hojalata en Babilonia, había estatuas de oro y banquetes reales como ningunos en Jerusalén. Mientras vivían en una tierra lujosa y extranjera, Daniel y sus amigos nos brindan poderosas lecciones y ánimo para hoy, a medida que nos abrimos paso a través de un nuevo panorama cultural y tecnológico muy diferente al que nuestros padres y abuelos experimentaron.

El atractivo de Babilonia

Después de ser llevado cautivo por el ejército de Nabucodonosor, el joven Daniel se encontraba en el palacio del rey de Babilonia. Había sido seleccionado de entre todos los otros jóvenes judíos para formar parte de un programa especial de desarrollo de liderazgo. Puedo imaginar a Daniel y a sus amigos, Ananías, Misael y Azarías hablando con asombro sobre los alrededores. Daniel pudo haber dicho: «¡Amigos, tengo la sensación de que ya no estamos en Judá!».

Los historiadores nos comparten hechos dramáticos sobre la Babilonia de Nabucodonosor. El reino contaba con más de 50 templos (¡compáralo con un solo templo que había en Jerusalén!), con una imagen sólida de Baal que pesaba más de 22 000 kilos, y con los famosos Jardines Colgantes, una de las siete maravillas del mundo antiguo. El río Éufrates atravesaba la ciudad que estaba rodeada por dos muros, uno de 7.5 metros de ancho y el otro de 23 metros. El palacio de Nabucodonosor, donde la Biblia nos dice que fue llevado el joven Daniel, era considerado como el edificio más magnífico de la tierra. De hecho, el rey pretendía que esta experiencia fuera impresionante, extraordinaria y que cambiara la vida de los jóvenes judíos.

Un chico de la tercera cultura

La deslumbrante riqueza y poder de Babilonia no fueron los únicos cambios que enfrentó Daniel. También se encontró con una cultura radicalmente diferente a la de su familia en Judá. Puedo imaginar un poco cómo se pudo haber sentido Daniel. Al crecer como hija de misioneros en otro país, experimenté la tensión que muchos chicos de la tercera cultura experimentan. Un chico de la tercera cultura es alguien criado en una cultura diferente a la de sus padres durante un período significativo, durante los primeros años de su vida. Estos jóvenes vienen de una cultura, pero crecen en otra antes de, finalmente, formar su propia cultura, la cual a menudo incorpora elementos de ambas culturas.

Como extranjero que vive en un lugar nuevo, existe una presión increíble por encajar, aprender las nuevas costumbres, seguir la corriente de la multitud, y encontrar formas de pertenecer a ese lugar. En muchos casos, esto brinda una maravillosa oportunidad para crecer y aprender un idioma nuevo, así como nuevas tradiciones. Sin embargo, también presenta peligros reales cuando esas tradiciones están impregnadas de prácticas impías, como fue el caso en Babilonia. Daniel forjó su identidad como joven en medio de muchas presiones externas que luchaban por influir en él.

No solo el entorno y la cultura presionaban a Daniel. Una iniciativa estratégica ordenada por el rey tenía la intención de convertirlo en un líder de acuerdo a los estándares de Babilonia. El autor O. S. Hawkins describe que el plan de Nabucodonosor era «acorralar las mentes brillantes de los jóvenes judíos, sumergiéndolas en su propia cultura Babilónica, reeducarlos completamente, y finalmente enviarlos de regreso a Israel para gobernar en nombre de Babilonia».[2] Hawkins explica que «Nabucodonosor quería cambiar su idioma, literatura y estilo de vida, pero su objetivo principal era cambiar su lealtad».[3] Este era un plan de adoctrinamiento, respaldado por el gobernante más rico y poderoso del mundo.

Daniel enfrentó un desafío crítico. Para servir fielmente a Dios en este período de transición, no podía imitar la cultura que dejó en Judá en la que las advertencias de Dios fueron rechazadas. Tampoco podía adoptar la nueva cultura de Babilonia con sus dioses falsos, riquezas complacientes y búsquedasególatras de poder. En lugar de ello, Daniel necesitaba convertirse en un chico de la tercera cultura, una cultura cuya identidad no estaba definida por su cultura terrenal de cautiverio ni por la que lo llamaba desde el pasado. Dios quería un joven líder cuya identidad estuviera cimentada sólidamente en el único Dios verdadero; alguien cuya esperanza dependiera de la verdad inmutable; un joven cuyos ojos miraran más allá del ruido, la distracción y las atracciones impías del mundo en el cual vivía.

El desafío que enfrentó Daniel requería un increíble sacrificio de su parte. En Babilonia, fue despojado de su hogar, su familia, su nombre, su cultura y su idioma. Dudo que encontrara su comida favorita de Judá en el menú del palacio de Nabucodonosor. Los modales y costumbres radicalmente diferentes que tuvo que aprender, probablemente le dejaron con dolor de cabeza, especialmente durante los primeros días del exilio. Además, la mayoría de la evidencia sugiere que el rey convirtió a Daniel en un eunuco. Para evitar problemas con los oficiales y guardias del palacio que trabajaban cerca del harén del rey, los antiguos reyes castraban a aquellos a quienes se les asignaban esos trabajos. Para Daniel, eso representaba la pérdida de su descendencia y de su legado, ambas cosas eran inmensamente importantes en la cultura judía. Daniel tuvo muchas oportunidades para enojarse, amargarse o frustrarse por sus circunstancias; ¿por qué no abrazar la nueva cultura con todas sus comodidades y oportunidades? Ciertamente, hubiera sido más fácil darle la espalda a Dios y adoptar una mentalidad de víctima mientras se aferraba a sus derechos y títulos como judío creyendo que merecía algo mejor. ¿Lo haría? ¿Podría dejarlo todo y convertirse en el líder que Dios lo estaba llamando a ser?

El desafío para hoy

Tengo la certeza que los líderes de hoy en día enfrentan un desafío muy parecido al que enfrentó Daniel. La cultura que era familiar a las generaciones antiguas está desapareciendo, y con ella los valores de la Era Moderna con raíces en la Ilustración y la Revolución Industrial. La creencia en la verdad absoluta, la fe en la razón y la ciencia, y un sentido de responsabilidad individual moldearon a Estados Unidos desde su inicio. Así como en cada cultura, había muchas fortalezas y debilidades. Si bien existía un fuerte código moral en gran parte de la cultura estadounidense, muchos grupos todavía experimentaron marginación. Actualmente, está emergiendo una cultura nueva con valores y perspectivas radicalmente diferentes.

Este estado de transición proporciona el entorno en el cual los ciudadanos *Millennials* y de la Generación Z han sido criados y educados. Como humanos, naturalmente absorbemos las perspectivas de la cultura que nos rodea. No es de sorprenderse que la mayoría de los jóvenes de hoy en día se aferren a los valores posmodernos. El filósofo y teólogo Francis Schaeffer explica: «La mayoría de las personas se contagian de las suposiciones de su familia y la sociedad que los rodea, de la misma forma en la que un niño se contagia de sarampión».[4] Los jóvenes de ahora están «contagiándose» de los valores de una cultura emergente que es muy diferente a la que existió hace solo unas décadas atrás.

Actualmente, la idea de tolerancia encarna una filosofía subyacente al nuevo contexto cultural. Hawkins explica:

> La tolerancia es la nueva palabra de moda y la nueva ley suprema, y tiene una definición diferente a la que tenía hace algunos años. Tolerancia significaba que reconocíamos y respetábamos las creencias de otras personas y los sistemas de valores de otras personas sin estar de acuerdo con ellos o aceptarlos. Hoy en día la tolerancia significa que los valores, los sistemas de creencias y los estilos de vida deben ser aceptados.[5]

Daniel y sus amigos enfrentaron presión para aceptar el lujoso estilo de vida del rey y para adorar a los dioses que les ordenaba la nueva cultura. Para los líderes de hoy, existe la presión de afirmar a todos en sus verdades autodeterminadas, independientemente de si esas verdades se alinean con lo que Dios dice que es verdad. Mientras que el modernismo priorizó el descubrimiento de absolutos, el posmodernismo valora la tolerancia por encima de todo lo demás. Los líderes piadosos se enfrentan al mandato de la cultura de inclinarse ante la tolerancia de todas las creencias y de permitir todos los comportamientos, aun aquellos que saben que darán resultados negativos. Quienes se rehúsen a obedecer el edicto cultural, enfrentarán marginación y rechazo. Al igual que Daniel, atrapado entre la cultura judía y la babilónica, enfrentamos un cambio del modernismo al posmodernismo, de las prácticas tradicionales a prácticas más tolerantes.

Babilonia con todas sus seducciones, refleja las presiones actuales de nuestro mundo posmoderno, global y conectado tecnológicamente. Si bien estas influencias pueden no ser malas o incorrectas en sí mismas, a menudo se convierten en distracciones e interrupciones a lo que Dios nos está llamando a ser o hacer. Mientras que Daniel tenía comida sofisticada y un ambiente hermoso tratando de desviar su atención hacia un lugar de comodidad y de complacencia, nosotros nos enfrentamos a pantallas brillantes, a un sinfín de oportunidades y acceso a la información sin precedentes. Si no tenemos cuidado, las opiniones de otros, junto con el atractivo de nuestros dispositivos, o los mensajes constantes de la cultura a nuestro alrededor, pueden distraernos de nuestro propósito y nuestra identidad piadosa.

A menudo, los líderes jóvenes son tentados a desechar todo el pasado para abrazar por completo lo que es nuevo, relevante y emocionante. Es fácil ver lo que no funciona y entrar ansiosamente en nuevos modelos de liderazgo. En este momento crucial, ¿haríamos bien en detenernos y considerar qué elementos del pasado son piadosos? ¿Qué elementos del presente son bíblicos? ¿Cómo tomamos lo bueno de ambos mientras evitamos sus peligros al vivir como chicos de la tercera cultura con nuestra identidad firmemente arraigada en Dios?

Desarrollando una identidad piadosa

Como chico de la tercera cultura, Daniel desarrolló una identidad que combinaba aspectos de su herencia judía con su nueva realidad en Babilonia. El filtro para tal identidad era la fe en Dios y el compromiso de Daniel para obedecer sus leyes supremas. Vemos que Daniel retuvo los elementos de su cultura judía que honraban a Dios. Lo vemos honrando las leyes alimenticias de Dios, orar tres veces al día y leer los escritos del profeta Jeremías. Aun así, encontró necesario adaptarse al contexto en el cual se encontraba. Aprendió efectivamente el idioma y la cultura de Babilonia sin convertirse en parte de ella. La habilidad para hacerlo vino de Dios, como vemos en Daniel 1. Asombrosamente, el rey descubrió que los chicos hebreos eran diez veces más sabios que todos los magos del reino.

El desafío de Daniel es el desafío de los líderes de hoy. Dios permitió que Judá cayera. Él estaba obrando para purificar y preparar a su pueblo para las promesas y la restauración que traería. En esa época crítica de transición e incertidumbre, usó líderes que le fueron fieles por encima de todo para orquestar sus propósitos. A medida que los elementos de nuestra propia cultura se desvanecen, Dios desea purificar y preparar a su pueblo para los días desafiantes que están por venir. Una vez más, Dios está levantando una generación como Daniel de hombres y mujeres que estén dispuestos a permanecer fieles a su Dios a pesar de lo que está sucediendo a su alrededor. Dios está buscando a aquellos que puedan discernir lo que es piadoso del pasado y el presente, y usarlo para caminar en una identidad firmemente arraigada en una relación íntima con él. ¿Aceptaremos el desafío?

Reflexiones y aplicaciones

¿Qué prácticas de liderazgo, ministerio y estilo de vida han sido parte del liderazgo tradicional y de las tradiciones de la Iglesia? ¿Son culturales o bíblicas? ¿Son efectivas hoy?

¿Qué hay en nuestra cultura de hoy que presenta la mayor amenaza de distraer, socavar o destruir a los líderes piadosos? ¿Cómo podemos protegernos de esto? ¿Qué pueden hacer los líderes maduros para animar y ayudar a los líderes jóvenes en este contexto?

Notas

1 The Wizard of Oz [El mago de Oz], dirigida por Victor Fleming (1939; Beverly Hills: Metro-Goldwyn-Mayer), película.

2 O.S. Hawkins, The Daniel Code: Living Out Truth in a Culture That Is Losing its Way [El código Daniel: Viviendo la verdad en una cultura que pierde el camino] (Nashville: Thomas Nelson, 2016), 19.

3 O.S. Hawkins, The Daniel Code, 21.

4 Francis A. Schaeffer, How Then Should We Live? The Rise and Decline of Western Thought and Culture [disponible como ¿Cómo debemos vivir entonces? Auge y declinación del pensamiento y la cultura occidental] (Old Tappan: Fleming H. Revell Company, 1976), 20.

5 O.S. Hawkins, The Daniel Code, 72. 4

CAPITULO 5

La vida en Babilonia

A veces me pregunto si todos los placeres no son sustitutos de la felicidad.
—C.S. Lewis

Si se les da la opción de comer brócoli o una dona, la mayoría de los pequeños en edad preescolar (¡y el resto de nosotros!) elegirían el postre azucarado en lugar del vegetal colorido. Un estudiante de secundaria es más propenso a elegir jugar videojuegos que hacer su tarea. Como adultos, batallamos para ir al gimnasio regularmente, gastar dinero sabiamente o administrar nuestro tiempo de manera efectiva. Hay una atracción magnética en nuestras vidas hacia lo que se siente bien, lo que satisface nuestros sentidos y nos hace sentir cómodos en el momento, sin considerar el futuro. Si esto no se controla, la tendencia humana es buscar el placer, aunque este nos controle y nos lleve a la ruina. El liderazgo en nuestra Babilonia requiere un compromiso profundo con la búsqueda del gozo divino por encima del placer temporal. Entonces, veamos algunas de las tendencias que debemos tener en cuenta mientras vivimos en una cultura impía.

La búsqueda del gozo

Nuestra cultura estadounidense venera la libertad de buscar lo que queremos. Una de las frases citadas con más frecuencia de nuestra Declaración de Independencia, enfatiza el derecho a buscar la felicidad: «Sostenemos que estas verdades son evidentes, que todos los hombres son creados iguales, que su Creador les otorga ciertos derechos intransferibles, que entre estos está la vida, la libertad y la búsqueda de la felicidad». El constante flujo de inmigrantes a los Estados Unidos de América demuestra el amplio atractivo de esta promesa y esperanza. Mientras que ninguno de nosotros negaría el valor de un país fundado en tales principios, como creyentes debemos responder al llamado de Dios hacia algo más alto y grande de lo que nuestra cultura promete, permite o celebra.

La antigua Babilonia

Como se mencionó anteriormente, Babilonia contaba con algunas de las mayores bellezas, riquezas y lujos en el mundo de aquel tiempo. Daniel y sus amigos podrían haber permitido que su propia felicidad, placer, bienestar y reputación impulsaran sus acciones y decisiones. Las presiones a su alrededor eran constantes. Sin embargo, vemos múltiples ocasiones en las que eligieron desviarse de la norma, incluso a riesgo de su propia incomodidad y pérdida personal. Daniel y sus amigos eligieron beber agua y comer vegetales en lugar de consumir el vino y las comidas abundantes de la mesa del rey. Repetidamente resistieron a la presión de ceder ante las leyes de Babilonia que violaban su fe, y nunca promovieron sus propios intereses o buscaron poder aun en medio de un entorno políticamente competitivo. Como veremos más adelante, encontraron un enfoque y disciplina que les ayudó a mantenerse firmes.

El siglo 21

Entonces, ¿cómo es la búsqueda de la felicidad en nuestras vidas hoy? En 1985, 25 años antes de la introducción del iPad, el profesor de la NYU (Universidad de Nueva York), Neil Postman, escribió un pequeño libro esclarecedor titulado *Amusing Ourselves to Death* [Divertirse hasta morir]. En él, analiza el poder de la tecnología para crear una cultura de «buscadores de placer desinformados». Explica cómo los medios se filtraron lentamente en nuestra cultura resultando en la promoción del entretenimiento como el estándar aceptable de la verdad. Postman discute la visión del autor Aldous Huxley como se describe en *Brave New World* [Un mundo feliz]. El libro fue publicado en 1932 y ambientado en Londres en el año 2540 a.C. Huxley entendió que no se necesita de un «Gran Hermano para privar a las personas […] las personas llegarán a amar su opresión, a adorar las tecnologías que deshacen sus capacidades de pensar».[1] En *Brave New World*, Huxley describe la realidad de las personas controladas por su deseo de placer en lugar de ser controladas por la tiranía o el dolor. Hace un siglo, el autor temía que lo que amamos y nuestra necesidad de placer finalmente nos destruiría. Tomemos un tiempo para explorar el papel de la tecnología hoy en día en nuestra búsqueda de placer y felicidad.

La mayoría de los estudios muestran que el adolescente promedio pasa de 8 a 12 horas diarias en sus dispositivos electrónicos. Muchos chicos temen que sus padres sean adictos a la tecnología. Incluso pueden sentir que compiten con la tecnología por la atención de sus padres.[2] Es verdad que la tecnología presenta los riesgos reales de distracción, influencias negativas y las presiones de nuestra propia cultura. Considera que Daniel no se retiró de los lugares de presión cultural, sino que encontró estrategias para vivir como un líder piadoso en una cultura impía. Debemos hacer lo mismo. Exploraremos algunas de las estrategias de Daniel en los siguientes capítulos. Comencemos por considerar algunas de las distracciones potenciales que debemos tener en cuenta en nuestra propia Babilonia.

Adicción e influencia

La tecnología presenta varios peligros reales para nosotros como líderes piadosos de hoy. Primero, está su naturaleza sumamente adictiva. Nicholas Kardaras, en su libro *Glow Kids* [Niños pantalla], explica lo que llama el «cosquilleo de dopamina». «La dopamina es el neurotransmisor para sentirse bien siendo también el elemento más crítico en el proceso de adicción. Cuando una persona realiza una acción que satisface una necesidad o un deseo, se libera dopamina [...] en un grupo de células nerviosas asociadas con placer y recompensa también conocidas como el centro del placer del cerebro».[3] Esto activa una señal para repetir la actividad una y otra vez.

La tecnología de hoy proporciona constantemente un cosquilleo de dopamina. Simon Sinek discute su impacto adictivo. «La juventud de hoy quiere hacer bien [...] el problema es [...] que todos ellos son adictos a la dopamina. Prácticamente criamos a toda una generación esclavizada al sonido, vibración, las notificaciones o el flash de su teléfono».[4] Los mensajes de texto y las notificaciones de las redes sociales nos dan la misma dosis de dopamina que el juego de apuestas, las drogas y el alcohol. En algunos casos, no podemos esperar ni siquiera unos minutos para checar nuestro teléfono. Jugar videojuegos, publicar en las redes sociales o mirar videos en YouTube puede producir adicciones como cualquier otra, especialmente si fallamos al administrar nuestras acciones y tiempo.

El poder de la tecnología tiene una influencia dominante en nuestras vidas. Guía nuestros comportamientos y perspectivas al obligarnos a hacer clic en los anuncios, comprar cosas en línea, o leer los artículos que nos envían. La tecnología hace posible que las empresas rastreen cada clic que damos. Peor aún, permite que el constante bombardeo de anuncios, productos e información personalizada invada nuestros dispositivos incluso cuando están guardados en nuestros bolsillos o debajo de nuestra almohada. Daniel fue sometido a un poderoso programa de reeducación diseñado para influir en sus lealtades y su atención. Completó el entrenamiento, pero logró controlar su poder para influenciarlo. Debemos hacer lo mismo con la tecnología. Si bien la tecnología nos brinda herramientas valiosas, también posee el poder de manipular nuestro tiempo, atención y lealtades. Si fallamos en manejar la influencia que tiene en nuestras vidas, corremos el riesgo de responder a los sonidos, notificaciones y flashes poderosos de nuestros dispositivos en lugar de responder a la voz de Dios.

Pornografía

Estamos sujetos a un volumen sin precedentes de imágenes, ideas, información y personas a través de los dispositivos electrónicos. Cerca de tres cuartas partes de todos los jóvenes adultos (el 71 por ciento) y la mitad de todos los adolescentes (el 50 por ciento) encuentran lo que consideran pornografía al menos una vez al mes, ya sea que la busquen intencionalmente o no.[5] Barna Research [Grupo de Investigaciones Barna] reportaron que:

> Cuando se les pidió clasificar una serie de «cosas malas» que una persona podía hacer, cosas como robar, mentir, tener un amorío, incluso comer en exceso, los adolescentes y los jóvenes adultos colocaron todas las acciones relacionadas con la pornografía al final de la lista. De hecho, los adolescentes y los jóvenes adultos dijeron que «no reciclar» es más inmoral que ver imágenes pornográficas.[6]

El mismo reporte explicaba que los jóvenes adultos colocaron el «pensar negativamente sobre alguien con diferente punto de vista» como algo mucho peor que mirar pornografía. Esto ilustra el valor distorsionado que nuestra cultura le ha dado a la tolerancia.

Barna Research describe al nuevo código moral emergente en nuestra cultura como una «moral de satisfacción personal».[7] Este código resuena bien en una cultura que busca su propia felicidad. Si las acciones de uno no lastiman directamente a otros, no se consideran como malas. Por ejemplo, muchos perciben que mirar pornografía es simplemente una elección individual. Los efectos sociales de largo alcance al crear y mirar pornografía incluyen disfunción relacional y sexual,[8] abuso y tráfico sexual.[9] No obstante, para muchas personas, mirar pornografía es un asunto personal. Debido a que vivimos en un ambiente donde la pornografía es más aceptable y está más disponible que nunca, los líderes piadosos enfrentan una gran presión para aceptar y participar en comportamientos impíos con respecto al sexo y a la sexualidad. Si nuestro código moral no está basado en la verdad de Dios, no estaremos preparados para responder de manera piadosa cuando nos enfrentemos a poderosas influencias externas.

Redes sociales

Las redes sociales, los mensajes de texto y otras formas digitales de comunicación son herramientas efectivas para conectar a las personas de forma rápida y constante. No hay duda de que esas herramientas son capaces de mejorar nuestro ministerio, liderazgo y nuestras relaciones de muchas formas. Sin embargo, en los últimos años ha surgido mucha investigación respecto a sus posibles peligros.

El término «depresión Facebook» ganó popularidad hace algunos años cuando los expertos notaron y documentaron tendencias peligrosas que rodean el uso de redes sociales. La editora y escritora de *Time Magazine*,

Susanna Schrobsdorff, indica que el aumento de depresión y angustia en nuestra sociedad es precisamente paralelo al aumento de las redes sociales.[10] El uso excesivo o indebido de las redes sociales da como resultado individuos deprimidos o infelices con sus propias vidas mientras miran lo mejor de las vidas de otros. Ver las vacaciones perfectas de otras personas, sus relaciones y posesiones, nos hace sentir mal por nuestras vidas ordinarias. En lugar de promover gozo y contentamiento, las redes sociales a menudo nos conducen a buscar la felicidad en las cosas temporales.

Las redes sociales juegan un papel muy importante en nuestro deseo de autopromoción. A su vez, esto contribuye en gran medida al aumento del narcisismo en nuestra cultura. El autor e investigador Tim Elmore comenta que muchos de nosotros estamos buscando formas de mejorar nuestra autoestima. Encontramos una salida en las redes sociales.[11] Si lo permitimos, las redes sociales pueden ser una herramienta para buscar la felicidad, para sentirnos mejor sobre nosotros mismos y obtener atención. Debemos cuidarnos del efecto de la dopamina al obtener *likes* o comentarios en nuestras publicaciones. Lamentablemente, esto a menudo toma el lugar del contentamiento que viene de una identidad fundada en una relación íntima con Dios.

Debido a nuestro uso dominante de la tecnología, tener un buen manejo de ella se vuelve fundamental para vivir una vida piadosa. Cómo se ve esto depende de nuestras personalidades, luchas y circunstancias. A mí me resulta útil dedicar un «Sabbat (día de adoración y descanso) de tecnología» regular, en el cual apago mi teléfono y mi laptop durante todo el día, o por lo menos durante unas horas. Esto me permite concentrarme en las personas que me rodean o pasar tiempo en reflexión tranquila. También me alivia de la presión de responder inmediatamente a todo. Tomarme un tiempo libre para un período sabático personal significa que voy a perder algunos mensajes. Sin embargo, la salud mental, emocional y espiritual que resulta de un descanso tecnológico, supera con creces la pérdida de una oportunidad de negocio o incluso de un malentendido temporal con un amigo. Al tomarnos un descanso de las redes sociales, monitorear intencionalmente el uso de ellas u organizar una rendición de cuentas sobre cómo las manejamos, podemos obtener una perspectiva que nos permita relacionarnos con otros de manera más saludable. También nos ayuda a reenfocarnos en lo que es realmente importante más allá del atractivo del placer inmediato.

La búsqueda de la felicidad

Nuestra cultura puede celebrar la búsqueda de la felicidad, pero hay muy poco apoyo bíblico para tal enfoque en nuestras vidas. Jesús desafió a sus discípulos, «Si alguien quiere ser mi discípulo, tiene que negarse a sí mismo, tomar su cruz y seguirme. Porque el que quiera salvar su vida, la perderá; pero el que pierda su vida por causa de mí, la encontrará».[12] El apóstol Pablo también nos desafía:

> Ya que han resucitado con Cristo, busquen las cosas de arriba, donde está Cristo sentado a la diestra de Dios. Concentren su atención en las cosas de arriba, no en las de
>
> la tierra, pues ustedes han muerto, y su vida está escondida con Cristo en Dios. Cuando Cristo, que es la vida de

ustedes, se manifieste, entonces también ustedes serán manifestados con él en gloria.[13]

La Escritura deja muy claro que nuestro enfoque ya no debería estar en este mundo y en sus placeres temporales, más bien en la promesa del cielo. La sociedad carece desesperadamente de una fuente tan rica de esperanza ardiente.

Proverbios 10:28 declara: «La esperanza de los justos es alegría». Es nuestra la promesa de una felicidad que no depende de las circunstancias, de los *likes* en las redes sociales o de nuestras posesiones. El autor C.S. Lewis lo pone de esta manera: «Dudo que cualquiera que la haya probado [la felicidad] la cambiaría, si ambas cosas estuvieran en su poder, por todos los placeres del mundo… a veces me pregunto si todos los placeres no son sustitutos de la felicidad».[14] ¿Puedes imaginar la felicidad de Daniel en el foso de los leones cuando un ángel cerró las bocas de los leones, o la felicidad que experimentó después de recibir la revelación de Dios sobre un sueño que salvó las vidas de muchos? Si bien la vida y el liderazgo en nuestra Babilonia requieren obediencia y sacrificio, ¡hacerlo produce una profunda alegría! La vida en la Babilonia de Daniel, como ahora, le presentaba oportunidades para buscar su propia felicidad y placer. En su lugar, eligió buscar el gozo de Dios en medio de las tentaciones y los placeres a su alrededor. ¿Pediremos valor y fuerza para hacer lo mismo?

Reflexiones y aplicaciones

¿Cuáles son mis perspectivas sobre el placer, la felicidad y el gozo? ¿Cómo han sido influenciadas por la cultura que me rodea?

¿Cómo manejo la tecnología en mi vida? ¿Soy adicto al "cosquilleo de dopamina"? ¿Qué puedo hacer para controlar mejor su influencia en mi vida? ¿Me está llamando Dios a un descanso tecnológico? ¿Cómo lucirá esto en mi vida?

Notas

1 Neil Postman, Amusing Ourselves to Death [disponible como Divertirse hasta morir] (New York: Penguin, 1985), vii-viii.

2 Rachel Moss, "Most Children Worry Their Parents Are Addicted to Their Phones and iPads, Survey Finds," [La mayoría de los niños se preocupan de que sus padres sean adictos a sus celulares y iPads] The Huffington Post UK, publicado el 22 de julio de 2014, http://www.huffingtonpost.co.uk/2014/07/22/children-worried-parents-addicted-mobile-phones_n_5609510.html.

3 Nicholas Kardaras, Glow Kids: How Screen Addiction is Hijacking Our Kids—And How to Break the Trance [disponible como Niños pantalla: Cómo la adicción a las pantallas está secuestrando a nuestros hijos y cómo romper ese hipnotismo] (New York: St. Martin's Press, 2016), 36-37.

4 Simon Sinek, "We've Raised a Generation on Dopamine" [Hemos criado a una generación con dopamina], video de YouTube, 6:15, 25 de septiembre de 2013.

5 "The Porn Phenomenon" [El fenómeno porno], Barna Research, publicado en febrero de 2016, https://www.barna.com/the-porn-phenomenon/.

6 Roxanne Stone, "Porn 2.0 The Sexting Crisis" [Porno 2.0 El crisis del sexting], Barna Research, publicado en abril de 2016, https://www.barna.com/porn-2-0-the-sexting-crisis/.

7 "New Research Explores the Changing Shape of Temptation" [La investigación nueva explora la forma cambiante de la tentación], Barna Research, publicado en 2012, https://www.barna.com/research/new-research-explores-the-changing-shape-of-temptation/.

8 Brenda Luscombe, "Porn and the Threat to Virility" [El porno y la amenaza a la virilidad], Time, publicado el 31 de marzo de 2016, http://time.com/4277510/porn-and-the-threat-to-virility/.

9 "An Online Epidemic: The Inseparable Link Between Porn and Trafficking." [Una epidemia en línea: La conexión inseparable entre la pornografía y el tráfico humano] Fight the New Drug [Combate la nueva droga], publicado el 23 de enero de 2018, https://fightthenewdrug.org/the-internet-can-be-a-very-unsexy-place-we/.

10 Susanna Schrobsdorff, "The Kids Are Not Alright" [Los niños no están bien], TIME magazine (New York: Time Inc.) 44-51.

11 Tim Elmore, Marching Off the Map: Inspire Students to Navigate a Brand New World [disponible como Marchando fuera del mapa: inspira a los estudiantes a navegar por un nuevo mundo], (Atlanta: Poet Gardener, 2017), 182.

12 Mateo 16:24-25

13 Colosenses 3:1-4

14 C.S. Lewis, Surprised by Joy: The Shape of My Early Life [disponible como Cautivado por la alegria: Historia de mi conversion], (New York: HarperCollins, 1955), 19.

CAPITULO 6

El corazón de Dios por Babilonia

Sabía yo que tú eres un Dios bondadoso y compasivo, lento para la ira y lleno de amor, que cambias de parecer y no destruyes.
—Jonás 4:2b

Al inicio de cada año, le pido a Dios que me dé un tema o una palabra para enfocarme en ella durante los siguientes 12 meses. Mi palabra para este año, «amor», me sorprendió. Parecía muy simple. Desde pequeña he asistido a la iglesia, leo mi Biblia regularmente y busqué seguir a Dios durante muchos años. ¡Podrías pensar que ahora ya conozco bien el concepto del amor!

El asunto es que realmente amo a quienes me aman. Pero Jesús nos recordó que ¡los pecadores también son buenos haciéndolo!1 Él nos pide amar a quienes no nos aman. En Lucas 6:27-28 dice: «Pero a ustedes que me escuchan les digo: Amen a sus enemigos, hagan bien a quienes los odian, bendigan a quienes los maldicen, oren por quienes los maltratan». Lamentablemente, la sociedad a menudo nos prepara para rechazar esta idea.

¿A quién culpar?

Vivimos en una cultura que culpa. Las personas evaden la responsabilidad mientras buscan encontrar a alguien o algo a quién culpar por cualquier cosa que ande mal en sus vidas, o en el mundo a su alrededor. Vemos esta tendencia en la política, los negocios, las iglesias y aun en las familias y comunidades. Como resultado, nuestra tendencia es vernos a nosotros mismos como víctimas obligadas a sufrir las consecuencias de acciones y decisiones que están fuera de nuestro control. Esta mentalidad provoca en nosotros una actitud defensiva en la cual nos enfocamos en lo que nos está sucediendo, en lugar de enfocarnos en cómo podemos cambiar la situación. Esta perspectiva de culpa y victimización es una de las armas más poderosas que el enemigo usa para paralizar a una generación como Daniel y negar su influencia para bien.

Daniel tuvo muchas personas y circunstancias a quienes pudo culpar por los desafíos que enfrentó. Estas incluían a las generaciones pasadas que adoraron a dioses falsos, los profetas que predijeron la invasión de Babilonia y sus vecinos que no se arrepintieron ¿Y qué de los gobernantes de Jerusalén llenos de orgullo y dureza de corazón, o la tendencia de Nabucodonosor a ser un líder cruel y despiadado? Por supuesto, fácilmente pudo haber culpado a Dios. Considerando todo lo que pasó y la pérdida y opresión que experimentó, ¡muchos hoy en día lo alentarían a reclamar sus derechos! Sin embargo, si se hubiera cedido ante esa tentación, su historia habría sido muy diferente.

En lugar de culpar a otros, Daniel eligió renunciar a sus derechos y privilegios y ver su situación en el contexto de la obra mayor de Dios. Trató de entender el corazón de Dios no solo por el pueblo de Judá, sino también por los ciudadanos de Babilonia y su rey, Nabucodonosor. Este entendimiento resultó fundamental para el éxito de Daniel cuando Dios lo llamó a servir al mismo rey responsable de la muerte y destrucción de su hogar, su familia y tierra. Daniel fue lo suficientemente inteligente para saber que no había lugar para culpar a otros. Únicamente podía haber rendición, humildad, amor y obediencia al Dios Soberano.

La actitud de Daniel hacia Nabucodonosor y hacia Babilonia no solamente iba en contra de las normas de la cultura, sino también en contra de cualquier inclinación humana. Servir humildemente a los opresores con respeto y dignidad puede parecer absurdo, pero quienes son llamados a cumplir tal tarea deben decidir si están dispuestos a alinear sus vidas con la agenda de Dios. Los autores Henry T. Blackaby y Avery T. Willis explican que cuando Dios está a punto de dar un «paso para avanzar su misión, él viene a uno o más de sus siervos. Los invita a unirse a él, pidiéndoles que ajusten sus vidas a él, para que pueda cumplir todos los aspectos de su misión a través de ellos».2 No hay lugar para culpar a otros.

El corazón de Dios por todas las personas

El pastor Mark Batterson dice, «Oramos como si el objetivo principal de Dios fuera nuestra comodidad personal. No lo es. El objetivo principal de Dios es su gloria y algunas veces lograrlo implica un poco de dolor».3 Si vamos a participar en los propósitos de Dios en la tierra, debemos dejar de lado nuestra búsqueda egoísta de felicidad, comodidad y un deseo de reivindicación, para ver a Dios siendo glorificado en todas las cosas. En Salmo 67 leemos: «Que las naciones te alaben, oh Dios, sí, que todas las naciones te alaben. Que el mundo entero cante de alegría, porque tú gobiernas a las naciones con justicia y guías a los pueblos del mundo».4 ¿Estamos dispuestos a sacrificar todo para ver a las personas glorificando a Dios, incluso a aquellos que son malvados e indignos? Como el pastor John Piper escribe:

En el fondo de toda nuestra esperanza, cuando todo lo demás ha sido quitado, permanecemos en esta gran realidad: el Dios eterno y todo suficiente está infinitamente, inquebrantable y perpetuamente comprometido con la gloria de su grandioso y santo nombre. Por el bien de su fama entre las naciones, actuará […] Vindicará a su pueblo y su causa en toda la tierra.5

Dios nos invita a alinear nuestras vidas con la gloriosa misión de ver su nombre alabado y su amor manifestado incluso cuando eso requiere renunciar a nuestras propias comodidades e intereses. Otro profeta del Antiguo Testamento experimentó esto.

Jonás y Nínive

El libro de Jonás relata el trato de Dios con Nínive, la capital de Asiria y absolutamente el imperio más poderoso de su época. Nínive era una ciudad impía y malvada, y, sin embargo, Dios llamó a Jonás para que fuera allí a advertirles de un juicio inminente por persistir en su maldad. Como sabemos por la historia de la estancia de Jonás en el vientre de un pez, él desobedeció a Dios en esta tarea. Mira, Jonás provenía del Reino del Norte de Israel. Como Asiria era un enemigo nacional de Israel, la destrucción de Nínive habría resultado en una mayor seguridad para el pueblo de Jonás y su gente. Jonás no quería que Dios perdonara a Nínive porque eso iba en contra de su punto de vista e intereses políticos.

Después de la experiencia dramática de Jonás cuando huyó de Dios y pasó tiempo en un pez, finalmente cedió y fue a Nínive. Como temía, el pueblo de Nínive escuchó su advertencia y se arrepintió. El maestro de Biblia Derek Prince describe lo que sucedió, «No hay otro caso en la historia del Antiguo Testamento de arrepentimiento tan profundo y general por parte de toda una comunidad. Todas las actividades normales se paralizaron. El rey y la nobleza proclamaron ayuno y ellos mismos dieron el ejemplo».6

Contrasta el arrepentimiento contrito de Nínive con la respuesta de Israel a todos los profetas que Dios les envió. A pesar de las amonestaciones de Jonás, Isaías, Amós, Oseas y Miqueas, el pueblo de Israel permaneció en sus caminos impíos. Finalmente, en el año 721 a.C., más de 100 años antes de la invasión de Nabucodonosor a Judá, el Reino del Sur, los reyes de Asiria capturaron Samaria, la capital de Israel. El Reino del Norte permaneció cautivo por los Asirios.

Jonás luchó para poner de lado sus propios intereses y deseos para servir a los propósitos de Dios. Si queremos ser efectivos como líderes piadosos, debemos tratar de buscar a Dios desinteresadamente. Si alineamos nuestras lealtades con cualquier otra cosa que no sean sus propósitos, nunca podremos servir a Dios efectivamente en los tiempos turbulentos.

Daniel y Nabucodonosor

Dios usó a Daniel y a sus amigos repetidamente para manifestar su gloria en Babilonia. En Daniel 2, el rey Nabucodonosor exigió bajo pena de muerte que sus magos manifestaran y después interpretaran su sueño. Cuando Dios le dio a Daniel la revelación, él la compartió con el rey. En lugar de atribuirse el mérito por haberlo hecho y potencialmente ganar honor y prestigio para él mismo, Daniel reconoció ante un Nabucodonosor impío que «no hay ningún sabio ni hechicero, ni mago ni adivino, que pueda explicarle a su majestad el misterio que le preocupa».[7]

Sin ningún miedo de lo que este poderoso gobernante le pudiera decir o hacer, Daniel valientemente declaró que la fuente de su revelación era el Dios en el cielo que prometió revelar misterios. Cuando Daniel terminó de decirle a Nabucodonosor lo que Dios le había mostrado, el rey cayó postrado delante de Daniel y declaró: «¡Tu Dios es el Dios de dioses y el Soberano de los reyes! ¡Tu Dios revela todos los misterios [...]!».8 La obediencia de Daniel trajo gloria a Dios incluso delante de un rey malvado.

La imagen de oro

En Daniel 3, Ananías, Misael y Azarías se encontraron en una situación difícil. El rey convocó a todos los oficiales a una ceremonia de dedicación para la imagen de oro que levantó. A todos los presentes se les ordenó inclinarse y adorar la imagen al sonido de la música. Cualquiera que se negara sería arrojado a un horno ardiente. Los tres jóvenes líderes piadosos permanecieron de pie en medio de sus compañeros postrados mientras sonaba la música. Puedo imaginar la escena. La trompeta, la flauta, el arpa y las zampoñas comenzaron a sonar. La multitud de líderes políticos se apresuró a inclinarse para demostrar su lealtad al poderoso rey. Entonces se escuchó un murmullo. Alguien cerca de los tres amigos se dio cuenta que aún seguían de pie. Los susurros se extendieron entre la multitud, y las personas echaron un vistazo para ver si era verdad. ¿Quién se atrevería a permanecer de pie?

Varios de los compañeros babilonios de Ananías, Misael y Azarías corrieron ansiosos al rey para denunciar a los jóvenes. Un rey furioso convocó a los amigos de Daniel y les reiteró las consecuencias por no obedecer su orden de adorar la imagen de oro. Los tres amigos contestaron al rey: «¡No hace falta que nos defendamos ante su majestad! Si se nos arroja al horno en llamas, el Dios al que servimos puede librarnos del horno y de la mano de su majestad. Pero, aun si nuestro Dios no lo hace así, sepa usted que no honraremos a sus dioses ni adoraremos a su estatua». 9 Con esta respuesta, su destino estaba decidido.

El rey estaba tan furioso con los jóvenes desafiantes que ordenó que el horno se calentara siete veces más de lo normal. Los tres jóvenes fueron arrojados a un fuego tan caliente que mató instantáneamente a los soldados que los arrojaron. De pronto el rey se puso de pie de un salto al darse cuenta de que Ananías, Misael y Azarías estaban vivos y estaban caminando dentro del horno. Se sorprendió aún más cuando vio a un cuarto hombre en el fuego con ellos. El rey les pidió que salieran. Al ver que estaban sin daño alguno, Nabucodonosor declaró: «Bendito sea el Dios de ellos, de Sadrac, Mesac y Abed-nego (los nombres babilonios para Ananías, Misael y Azarías), que envió su ángel y libró a sus siervos que confiaron en él».10 El rey rápidamente realizó un nuevo decreto, que cualquiera que hablara en contra del Dios de ellos, sería castigado.

Daniel y Darío

Nabucodonosor no fue el único rey impío que alabó al Dios de Daniel. En Daniel 6, el nuevo jefe de Daniel, el rey Darío que derrocó a los babilonios, emitió un decreto. El edicto oficial dictaba que cualquiera que orara a cualquier dios u hombre que no fuera el rey, durante un período de 30 días, sería arrojado al foso de los leones. Sin embargo, Daniel regresó a su casa para mantener su disciplina de orar a Dios tres veces al día. Algunos de sus compañeros celosos no podían esperar para contarle al rey sobre la desobediencia de Daniel. El rey, que respetaba mucho a Daniel, impuso el castigo con angustia. Al día siguiente, cuando Daniel salió vivo, Darío, así como Nabucodonosor antes que él, alabó al Dios de Daniel, declarando: «Porque él es el Dios vivo, y permanece para siempre. Su reino jamás será destruido, y su dominio jamás tendrá fin».11

¿Y ahora qué?

En el libro de Daniel, cuatro jóvenes líderes piadosos continuaron sirviendo a varios reyes malvados y dos grandes imperios durante muchas décadas. Al someter sus propios derechos, intereses y comodidades para aceptar la misión de Dios en su tiempo en la historia, se alinearon al corazón de Dios por Babilonia. Ellos entendieron que el amor de Dios y sus propósitos se extienden incluso a aquellos que parecen candidatos poco probables. Los jóvenes determinaron hacer conocer la gloria y el poder de Dios incluso a los hombres más malvados. Es fundamental que comprendamos esto hoy mientras buscamos ser líderes en una cultura impía. Como Jonás declaró, nuestro Dios es lento para la ira, pero grande para extender su amor inagotable.

Hasta ahora, hemos considerado los desafíos que enfrentó Daniel como líder durante un período de gran agitación en la historia de Judá. Hemos discutido brevemente la época de cambio que estamos experimentando actualmente en nuestra cultura. La vida como líder en una cultura impía involucra desafíos, así como oportunidades. Mientras reflexionamos sobre el corazón de Dios hacia nuestra cultura, es tiempo de considerar las prácticas que hacen posible un liderazgo piadoso, a pesar de las increíbles presiones, distracciones y decepciones que amenazan con desanimarnos o destruirnos. ¿Cómo podemos permanecer fieles y productivos en nuestra época particular de liderazgo?

Reflexiones y aplicaciones

¿Cómo describiría mi comprensión del corazón de Dios hacia nuestro mundo actual? ¿Qué prejuicios o perspectivas tengo que podrían impedirme alinear mi corazón con el suyo?

¿Estaría yo dispuesto a sacrificar las causas e intereses terrenales por el bien de los mayores propósitos de Dios? Sé lo que eso significó para Jonás, ¿cómo podría ser para mí?

Notas

1 Lucas 6:32
2 Henry T. Blackaby and Avery T. Willis, Jr., "On Mission with God" [En la misión con Dios], Perspectives on the World Christian Movement [Perspectivas en el movimiento cristiano mundial], ed. Ralph D. Winter y Steven C. Hawthorne (Pasadena: William Carey Library, 2009), 75.
3 Mark Batterson, The Circle Maker: Praying Circles Around Your Biggest Dreams and Greatest Fears [disponible como El hacedor de círculos: Cómo rodear de oración nuestros principales anhelos y desafíos], (Grand Rapids: Zondervan, 2011), 113.
4 Salmo 67:3-4 (NTV)
5 John Piper, "Let the Nations Be Glad!" [¡Alégrense las naciones!], Perspectivas sobre el movimiento cristiano mundial, ed. Ralph D. Winter and Steven C. Hawthorne (Pasadena: Biblioteca William Carey, 2009), 68.
6 Derek Prince, Shaping History Through Prayer and Fasting [disponible como Moldeando la historia: A través del ayuno y la oración], (New Kensington: Whitaker House, 2002), 117.
7 Daniel 2:27
8 Daniel 2:47
9 Daniel 3:16-18
10 Daniel 3:28
11 Daniel 6:26b

PARTE II

Prácticas esenciales para liderar en Babilonia

CAPITULO 7

Entender los tiempos

Y este es el número de los principales que estaban listos para la guerra, y vinieron a David en Hebrón [...] de los hijos de Isacar [...] entendidos en los tiempos y que sabían lo que Israel debía hacer.

—1 Crónicas 12:23, 32

En las dos décadas pasadas, el mundo ha cambiado. Como estudiantes universitarios, mis amigos y yo todavía nos pasábamos notitas en clases. Hoy, podemos hacer videollamadas con personas alrededor del mundo, publicar imágenes para que cientos de personas las vean instantáneamente, y hasta enviar mensajes a amigos durante clase, ¡sin el inconveniente de tener que pasar un trozo de papel! Han ocurrido cambios radicales en nuestra cultura, desde los avances en la tecnología hasta la globalización y puntos de vista cambiantes. Las ideas y los valores que surgieron del posmodernismo reemplazaron a los radicionales del modernismo. El Internet ahora es el que maneja la comunicación mientras se realizan conexiones internacional e instantáneamente. El impacto de esos cambios en nuestra fe y en la Iglesia es importante, ya que debemos considerar nuestra respuesta a las nuevas normas culturales, los valores cambiantes y la disminución de la asistencia a la iglesia.

En este capítulo y los siguientes, nos enfocaremos en las perspectivas y prácticas clave que permitieron que Daniel y sus amigos prosperaran como líderes piadosos en una cultura impía. También consideraremos las implicaciones de esas prácticas para nuestras vidas y liderazgo de hoy. La primera perspectiva clave, cómo definimos la realidad, se relaciona con la forma en que entendemos el mundo. Una comprensión piadosa de lo que está sucediendo en nuestra cultura nos permitirá responder a los cambios y desafíos que enfrentemos con valentía y esperanza en lugar de responder con pánico o ansiedad.

¿La Iglesia en crisis?

Hoy en día, hay mucha angustia en el cristianismo sobre el estado de la iglesia en los Estados Unidos. Los informes emergentes reconocen y parecen confirmar la tendencia de decadencia en la Iglesia. Algunos estudios muestran que cada año más de 4 000 iglesias cierran sus puertas. Las iglesias nuevas suman un total de 1 000, y la mitad de todas las iglesias en los Estados Unidos fracasan en agregar consistentemente números nuevos a sus filas.[1] Como alguien que investiga y habla sobre las tendencias generacionales, a menudo me hacen preguntas sobre el estado de los *Millennials* y la Iglesia. Estadísticamente, las iglesias están fracasando con conectarse con los adultos jóvenes. Esto está respaldado por el hecho de que mientras la generación *Millennial* entró a la edad adulta, sus miembros tuvieron niveles de afiliación religiosa mucho más bajos, incluyendo unas pocas conexiones con iglesias cristianas, que las generaciones antiguas. De todos los *Millennials*, aproximadamente el 35 por ciento no están afiliados religiosamente a ninguna iglesia. Menos de seis de cada diez *Millennials* se identifican con alguna rama del cristianismo en comparación con los aproximadamente siete de cada diez de las generaciones más antiguas.[2]

¿Cuál es la realidad?

Si bien no deberíamos ignorar las estadísticas, debemos tener cuidado de entender nuestros tiempos más allá de las investigaciones y los informes (¡digo esto como alguien que en verdad aprecia la investigación!). El autor y maestro Francis Frangipane desafía nuestra comprensión de la realidad argumentando que «la realidad no es solo objetiva: también hay un lado subjetivo o personal de la realidad que está arraigado en nuestros sentimientos, actitudes y creencias».[3] La fe en Dios extiende nuestra comprensión de la realidad más allá de lo que se ve, se escucha o se informa. La fe es «tener la seguridad de lo que esperamos y la certeza de lo que no vemos».[4] La fe arraiga firmemente nuestra comprensión de la realidad en lo que Dios dice más que en nuestra experiencia terrenal.

Apliquemos una perspectiva terrenal a la vida de Daniel por un momento. Si se limitara solo a hechos objetivos y a lo que podía ver en ese momento, la realidad de Daniel habría consistido en pérdida, cautiverio, opresión y desesperanza. Sin embargo, él entendió una realidad superior, una que fue adoptada por todos los grandes héroes de la fe a través de las Escrituras y la historia. Si vamos a vivir como Daniel con la determinación de servir a los propósitos de Dios, debemos ajustar nuestros corazones y mentes a las realidades y esperanzas eternas a medida que nos sintonizamos con lo que Dios está haciendo para establecer su Reino en medio de las tendencias y los cambios actuales.

Una avalancha de opiniones acerca de lo que está sucediendo en el mundo actual viene de todas direcciones: redes sociales, noticias, podcasts populares, blogs, radio y televisión. Es fácil permitir que estas voces fuertes y constantes definan nuestras percepciones y entendimiento. Si bien escuchar una variedad de perspectivas es de gran valor, debemos permanecer comprometidos a defender lo que permitimos que defina la realidad en nuestras vidas. Esto se está convirtiendo rápidamente en uno de los campos de batalla más feroces en lo que debemos luchar como líderes que viven y trabajan en una cultura impía.

Frangipane explica: «La esencia de la guerra espiritual está en quién define la realidad, la Palabra de Dios o las ilusiones del presente siglo».[5] En el siguiente capítulo, discutiremos la necesidad de estudiar las Escrituras para comprender plenamente la realidad de Dios. Por ahora, consideremos lo que define la realidad en nuestras vidas: ¿qué voces permitimos que influyan en nosotros? ¿Reflejan la verdad de las Escrituras y los propósitos de Dios? Debemos aceptar, como lo hicieron Daniel y sus amigos, que Dios no mide el éxito de la misma manera en que lo hacen las personas. Así como los propósitos de Dios prevalecieron en medio de la destrucción del templo en

Jerusalén, continuarán haciéndolo incluso en lo que parece ser el decaimiento de la iglesia estadounidense. Así como los héroes de la fe en cada generación, servimos a un Dios cuyos propósitos triunfan aún en tiempos de dificultad o caos. Cuando la comprensión de los propósitos de Dios define nuestra realidad, podemos enfrentar el cambio y la complejidad con confianza y paz.

Buscando la realidad de Dios

En 1 de Crónicas, leemos sobre un tiempo turbulento en la historia primitiva de Israel, cuando el rey Saúl eligió desobedecer a Dios. Debido a la rebelión de Saúl, Dios habló al profeta Samuel, indicándole que levantaría otro rey. Dios dirigió a Samuel para que ungiera a David como rey, pero pasaron muchos años antes de que el joven pastor tomara el trono. Mientras tanto, había mucha agitación, incertidumbre y división en todo el reino al mismo tiempo que Saúl se aferraba al poder. En el capítulo 12, finalmente vemos hombres reunidos en Hebrón para entregarle el reino a David como el Señor lo había ordenado. Entre ellos, había 200 hijos de Isacar, hombres conocidos por entender los tiempos y los propósitos de Dios para Israel. A pesar de los puntos de vista conflictivos y de las presiones políticas de su tiempo, ellos identificaron el momento señalado por Dios para establecer a David como rey. No fueron influenciados por las opiniones provenientes de Jerusalén o por aquellas que se propagaron por medio de los sistemas de redes sociales de su época. Hoy en día, necesitamos desesperadamente líderes piadosos como los hijos de Isacar, que busquen la realidad de Dios y sean capaces de entender los tiempos y lo que el pueblo de Dios debe hacer.

Las voces proféticas

En los siguientes capítulos, consideraremos lo que se necesita para crecer como líderes que reconocen lo que Dios está haciendo en nuestra época de la historia. Esto incluye conocer la Palabra de Dios, elegir compañías piadosas y practicar disciplina y perseverancia en la oración. Otra herramienta fundamental para sintonizarse con la realidad piadosa se menciona en todas las Escrituras, sin embargo, es una herramienta que a menudo se pasa por alto o se excluye en la Iglesia de hoy. Es el don de la profecía.

Cuando reflexionamos sobre los cinco dones ministeriales discutidos en Efesios 4:11-12, encontramos que actualmente en nuestras iglesias, algunos de ellos reciben más reconocimiento que otros. Muchos de nosotros estamos familiarizados con los roles de pastor, maestro y evangelista. Sin embargo, el papel de apóstol y especialmente el de profeta, a menudo han sido malinterpretados o ignorados por completo. Entonces, ¿cuál es el papel de la profecía y por qué necesitamos desesperadamente entender cómo está trabajando Dios?

La autora y maestra Carolyn Tennant explica que la iglesia en Estados Unidos se pregunta cómo responder ante lo que se siente como una crisis existencial. Ella cuestiona:

«Si la Iglesia elige responder a esta pregunta simplemente a través del razonamiento humano, seguramente fracasará en sus intentos miserables. Nuestro único recurso es dejar que Dios nos muestre lo que debemos hacer a continuación».[6] Si bien Dios usa una variedad de métodos para revelarnos su voluntad, el rol del profeta en este trabajo siempre ha sido fundamental.

En Amos 3:7 leemos: «En verdad, nada hace el Señor omnipotente sin antes revelar sus designios a sus siervos los profetas». Ya hemos discutido sobre algunos profetas incluyendo a Daniel, Jonás y Samuel. Ellos animaron a otros, ya fuera a sus tres amigos hebreos, un imperio impío o un rey rebelde. A lo largo del Nuevo Testamento hay referencias adicionales del papel y la importancia de la profecía. En 1 Tesalonicenses 5:19-22, por ejemplo, Pablo escribe: «No apaguen al espíritu, no desprecien las profecías, sométanlo todo a prueba, aférrense a lo bueno, eviten toda clase de mal». Es importante entender que la profecía no es una interpretación u opinión humana. Más bien, como explica 1 Pedro 1:20-21, la profecía verdadera proviene de Dios. Por esta razón, el reto en 1 Corintios 14:1: «Empéñense en seguir el amor y ambicionen los dones espirituales, pero sobre todo el de profecía».

Las voces proféticas sirven al pueblo de Dios al proporcionar una percepción y dirección crucial y expandir nuestra perspectiva para ver la realidad de lo que Dios está haciendo en nuestros tiempos. Debemos estudiar y entender la profecía para poder estar equipados para buscarla y reconocerla. La percepción profética debe informar nuestra comprensión del mundo actual porque transmite claridad y propósito en las tareas desafiantes que enfrentamos como líderes sirviendo en un contexto impío.

A medida que consideramos la realidad sobre la cual se basa nuestro entendimiento de los tiempos, debemos evaluar rigurosamente las influencias de nuestras perspectivas. Tennant explica:

> Cuando ponemos atención a Dios en lugar de escuchar a los demás y a las tendencias sociales, él puede indicarnos hacer las cosas de manera diferente. Podría pedirnos levantarnos en contra de una idea popular de nuestros tiempos. Podría pedirnos hacer algo inusual. Cuando tenemos el valor de escuchar a Dios y seguir sus instrucciones, los resultados pueden ser asombrosos.[7]

Nuestros métodos pueden parecer poco convencionales a medida que seguimos a Dios, pero podemos esperar verlo moverse poderosamente a medida que seguimos sus propósitos. Frangipane nos recuerda: «¡Debemos ver que nuestras oraciones, actitudes y el estar de acuerdo con Dios son una parte integral para establecer la realidad del reino de Dios en la tierra!».[8] ¡Este es el emocionante papel de una generación como Daniel!

Reflexiones y aplicaciones

¿Qué define la realidad en mi vida? ¿Cómo comprendo la realidad en el mundo de hoy?

¿Qué voces permito que influyan en mi entendimiento de los tiempos en los que vivimos? ¿Estas reflejan la verdad de las Escrituras y los propósitos de Dios? ¿Qué voces necesito escuchar menos y cuáles necesito escuchar más? ¿Cómo puedo hacer esto?

Notas

1 Richard J. Krejcir, "Statistics and Reasons for Church Decline" [Las estadísticas y los motivos por el declive de las iglesias], Francis A. Schaeffer Institute of Church Leadership Development [Instituto Francis A. Schaeffer del Desarollo de Liderazgo en la Iglesia], consultado en noviembre de 2017, http://www.churchleadership.org/apps/articles/default.asp?articleid=42346&columnid=4545.
2 "America's Changing Religious Landscape" [El paisaje religioso cambiante de América], Pew Research Center [Centro de Investigaciones Pew], publicado en mayo 2015, http://www.pewforum.org/2015/05/12/americas-changing-religious-landscape/
3 Francis Frangipane, The Three Battlegrounds: An In-Depth View of the Three Arenas of Spiritual Warfare [disponible como Los tres campos de la lucha espiritual], (Cedar Rapids: Arrow Publications, 2006), 107-108.
4 Hebreos 11:1
5 Francis Frangipane, The Three Battlegrounds, 107.
6 Carolyn Tennant, Catch the Wind of the Spirit: How the Five Ministry Gifts Can Transform Your Church [Atrapa el viento del Espíritu: Cómo los cinco dones ministeriales pueden transformer tu iglesia], (Springfield: Vital Resources, 2016), 121.
7 Carolyn Tennant, Catch the Wind of the Spirit, 133.
8 Francis Frangipane, The Three Battlegrounds, 111.

CAPITULO 8

Conocer la ley de Dios

Dichoso el hombre [...] que en la ley del Señor se deleita, y día y noche medita en ella.
—Salmo 1:1-2

«Sólo he leído dos libros de la Biblia», confesó un estudiante de una universidad cristiana. Para prepararse para el ministerio de la Iglesia, este joven estaba tomando un gran número de cursos en estudios teológicos y bíblicos, pero rara vez leía la Biblia. Si bien es probable que esta sea una excepción entre los estudiantes del ministerio, su fracaso al estudiar y conocer las Escrituras representa una creciente tendencia de analfabetismo bíblico. A medida que buscamos empatar una cultura impía con una realidad piadosa, no debemos depender de lo que pensamos que dice la Biblia o en lo que alguien más nos dice que esta dice: Debemos tomar el tiempo para leer, estudiar y meditar en la Palabra de Dios nosotros mismos. Solo entonces la verdad bíblica podrá guiar nuestro entendimiento y decisiones.

Tomar decisiones

Al examinar las perspectivas y prácticas esenciales de una influyente generación como Daniel, consideremos cómo Daniel y sus amigos tomaron decisiones. Nuestra cultura solía confiar en la lógica para tomar decisiones. Ahora, sin embargo, la mayoría de las personas toma decisiones basándose en sus experiencias y deseos. Si los amigos de Daniel hubieran confiado en la lógica o en los sentimientos, seguramente no hubieran tenido el valor para permanecer de pie cuando el rey les ordenó inclinarse ante la estatua de oro. En Daniel 4, encontramos al joven profeta perplejo y aterrorizado sobre la interpretación del sueño del rey. De haber actuado por pura lógica o emoción, habría modificado la interpretación que compartió con el poderoso e impredecible gobernador, haciéndola más aceptable. En cambio, habló la verdad. Entonces, si Daniel no usó la lógica ni respondió por emoción, ¿cómo es que él y sus amigos tomaron decisiones?

Durante sus primeros días en Babilonia, los cuatro jóvenes líderes encontraron muchos cambios y desafíos. Se dedicaron a aprender un nuevo idioma y cultura al mismo tiempo que se adaptaban a la vida en el palacio de Nabucodonosor, y aunque aceptaron algunos de los nuevos requisitos y expectativas, rehusaron ajustarse a otros. En una ocasión, por ejemplo, desafiaron con gracia las expectativas de su nuevo entorno y sus gobernantes ¿Por qué la aparente inconsistencia en su disposición para adaptarse? Miremos más de cerca. En Daniel 1, observamos la primera ocasión de su rechazo a los estándares babilónicos. En lugar de comer los abundantes alimentos servidos en la mesa del rey, Daniel y sus amigos pidieron únicamente vegetales y agua. ¿Por qué sufrirían el estrés y el trabajo de aprender un nuevo idioma, pero elegirían no disfrutar de los beneficios de un delicioso banquete de la mesa del rey? Esta, como cada decisión que vemos a los jóvenes líderes tomar, se explica por su compromiso inquebrantable a la ley de su Dios. Las Escrituras tenían reglas dietéticas claras que los judíos debían seguir, y Daniel y sus amigos estaban determinados a obedecer la ley de Dios por encima de todo lo demás. Ellos basaron sus decisiones y acciones en lo que Dios decía, no en la lógica, las emociones o la presión cultural.

Daniel también estudió y confió en las Escrituras para orientar sus perspectivas y su liderazgo. En Daniel 9:1-3 el profeta escribe: «Yo, Daniel, logré entender ese pasaje de las Escrituras donde el Señor le comunicó al profeta Jeremías que la desolación de Jerusalén duraría setenta años. Entonces me puse a orar y a dirigir mis súplicas al Señor mi Dios. Además de orar, ayuné y me vestí de luto y me senté sobre cenizas». Daniel basó su comprensión de los eventos actuales y el propósito de Dios para su pueblo en las Escrituras. Aceptó el exilio porque entendió el propósito y el tiempo de Dios. Las decisiones de Daniel, sus acciones y perspectivas no fueron arbitrarias. No se basaron en opiniones cambiantes, circunstancias o en el comportamiento de aquellos a su alrededor. En lugar de ello, Daniel permaneció firme en sus decisiones porque las basó en la ley y los principios de Dios. Sin embargo, para obedecer y alinear su vida a la Palabra de Dios, primero tuvo que estar bien instruido en ella.

Analfabetismo bíblico

Hoy en día, uno de los grandes cambios a los que se enfrenta una generación como Daniel, es el hecho de que muchos de nosotros no conocemos las Escrituras. A pesar de tener un mayor acceso a la Biblia que en cualquier otro tiempo de la historia, con al menos tres Biblias en la mayoría de los hogares estadounidenses y con acceso a herramientas digitales de investigación a nuestro alcance, estamos leyendo la Biblia menos que nunca. Un estudio reciente de LifeWay Research [Investigaciones LifeWay] encontró que únicamente el 45 por ciento de aquellos que asisten regularmente a la iglesia en realidad leen la Biblia más de una vez a la semana. Y aún más sorprendente es el hecho de que casi uno de cada cinco feligreses dice que *nunca* lee la Biblia.[1] Barna Research [Investigaciones Barna] informa: «Desde 2009, la lectura de la Biblia se ha extendido menos, especialmente entre los adultos jóvenes. Hoy en día, solo una tercera parte de todos los estadounidenses americanos informan haber leído la Biblia una vez por semana o más. El porcentaje es mayor entre los ancianos (49%) y es menor entre los *Millennials* (24%)».[2] A pesar de este número, los adultos jóvenes que afirman ser cristianos practicantes continúan diciendo que tienen una visión superior de las Escrituras y se refieren a ellas como la fuente primordial de verdad moral.[3]

El American Culture and Faith Institute (Instituto Americano de Cultura y Fe) informa que cuanto más joven es un adulto, tiene menos probabilidades de tener una visión bíblica del mundo. Entre los adultos de 18 a 29 años, solo el 4 por ciento eran discípulos íntegros en comparación con el 7 por ciento entre aquellos en las edades de 30 a 49 años y el 15 por ciento de los adultos en edad de 50 a 64 años.[4] Un discípulo íntegro se describe como alguien cuyas conductas reflejan sus creencias y que vive con integridad.

Los líderes piadosos de hoy son discípulos íntegros como Daniel, que independientemente de vivir en una cultura pagana, adoptan un sistema de creencias arraigado en la Palabra de Dios. Ellos practican Santiago 1:22, escuchando la Palabra y haciendo lo que dice. El desafío para los líderes jóvenes de hoy no es únicamente vivir un estilo de vida piadoso, sino también hacerlo entre compañeros impíos en una cultura que a menudo se opone a los valores bíblicos. David Kinnaman, presidente del Grupo Barna, informa que los datos respecto a los puntos de vista de las Escrituras tienden constantemente hacia el escepticismo bíblico. «Con cada año que pasa, el porcentaje de estadounidenses que creen que la Biblia es "solo otro libro escrito por hombres" aumenta. Las percepciones de que la Biblia es dañina y que las personas que viven sus principios son religiosos extremistas también están aumentando».[5] Nuestra cultura se está moviendo rápidamente no solo hacia la impiedad, pero en muchos casos hacia un antagonismo con Dios y su Palabra. En este contexto, ¡Dios llama a un remanente, los Danieles de esta generación, a ser valientes, fieles y piadosos! Él nos está equipando para dar a conocer su gloria. Sin embargo, para que esto suceda, debemos estudiar la ley de Dios, conocer lo que dice la Escritura y vivirla fielmente.

Compromiso bíblico

Algunos factores importantes en nuestra sociedad actual obstaculizan el compromiso bíblico. Estos van desde el escepticismo mencionado anteriormente hasta las distracciones de las muchas pantallas de los medios de comunicación y nuestros horarios ocupados que nos dejan muy poco tiempo para leer y reflexionar. Sin embargo, el conocimiento y entendimiento de la Palabra de Dios no son negociables para aquellos que buscan vivir piadosamente hoy. Necesitamos la verdad bíblica sobre la cual fundemos nuestras decisiones, acciones y actitudes cuando enfrentamos las presiones de una cultura impía. Entonces, ¿cómo podemos crecer en nuestro entendimiento bíblico? ¿Qué hábitos nos ayudarán en nuestro compromiso con las Escrituras y permitirán que Dios, a través de su Palabra, nos fortalezca y nos equipe? Consideremos algunos.

La lectura

El Grupo Barna Research realizó una encuesta adicional que proporciona algunos resultados contundentes. Menos de la mitad de todos los adultos pueden nombrar los cuatro evangelios. Muchos cristianos no pueden identificar más de dos o tres de los discípulos, y el 60 por ciento de los estadounidenses no pueden siquiera nombrar cinco de los Diez Mandamientos.[6] La realidad es que no podemos saber lo que dice la Biblia si no la leemos. Sin embargo, si fuéramos honestos, muchos de nosotros admitiríamos que no leemos la Palabra de Dios consistentemente.

Entonces, ¿cómo combatimos el analfabetismo bíblico en nuestras vidas? ¡Leyendo la Biblia! Sí, es más fácil decirlo que hacerlo, lo sé. Aquí hay algunas simples, pero poderosas estrategias que los líderes piadosos pueden adoptar independientemente de su edad o experiencia:

- Establecer consistencia. Si te encuentras en una situación donde necesitas comprometerte (o volver a comprometerte) con la Escritura de una manera más significativa, comienza donde estás en lugar de comenzar donde esperas estar. Incluso si solo lees la Biblia cinco minutos al día, hazlo diariamente. Encuentra un tiempo que funcione mejor para ti y apégate a él. Muchas fuentes dicen que se necesitan por lo menos 21 días para formar un nuevo hábito, así que trabaja para desarrollar un hábito saludable de lectura de la Biblia que funcione bien en tu temporada de vida actual.

- Aumenta tu capacidad de concentración. La mayoría de los estadounidenses hoy en día tienen una capacidad de concentración de 6 a 8 segundos. Nuestras mentes son un músculo y como cualquier otro músculo debe fortalecerse gradualmente. Si decides comenzar a fortalecer tus bíceps, no comienzas haciendo flexiones con una pesa de 20 libras. En lugar de eso, comenzarás con una pesa de 5 a 8 libras hasta llegar a las 20. Lo mismo sucede con tu capacidad de concentración. El tiempo que pasas leyendo la Biblia debe ir aumentando con el tiempo, mientras lees durante períodos más largos cada día.

- Participa activamente en la lectura. Si lees apenas cinco minutos antes de seguir con tu vida, es muy probable que olvides lo que acabas de leer. Tómate el tiempo para resaltar las frases clave. Escribe en un diario las preguntas o ideas que observes mientras lees. Busca los términos desconocidos en un diccionario bíblico. Escribe una aplicación personal para tu vida en el margen o en una nota aparte. Envía un mensaje de texto o haz una publicación sobre tu perspectiva bíblica para animar a otros.

- Ora por entendimiento. Cuando era niña, mi papá me enseñó a orar lo siguiente cada vez que me sentaba a leer mi Biblia: «Señor, háblame. Dame ojos para ver, oídos para oír y un corazón para entender lo que me estás diciendo». Este tipo de oración sencilla preparará tu mente y corazón para recibir del Señor mientras lees su Palabra. ¡Mientras Dios te habla por medio de las Escrituras, encontrarás el gozo, paz y propósito profundos que necesitas para prosperar como líder piadoso!

La meditación

El escritor de Salmo 119:97 declara: «¡Oh, cuánto amo yo tu ley! Todo el día es ella mi meditación». Meditar durante todo el día requiere más que un repaso rápido del versículo del día en una aplicación de la Biblia o un devocional de tres minutos. Involucra permitir que la Palabra de Dios impregne tu corazón y tu mente. Consideremos algunas estrategias prácticas para meditar en las Escrituras en nuestra vida diaria:

- Identifica las verdades clave. Encuentra un pasaje, frase o concepto de la Biblia que realmente te impacte. Tal vez sea una en la que escuchas a Dios hablándote en la temporada particular de tu vida. Repítela en voz alta, órala, compártela con otros y concéntrate en ella mientras te preparas para dormir por la noche. Escribe una verdad bíblica en una nota adhesiva y colócala en tu tablero, en el monitor de la computadora o encima del fregadero de la cocina. Algunas veces uso un marcador lavable para escribir un versículo directamente en el espejo de mi baño. En las pizarras blancas en las habitaciones de mis hijas y en la cocina están escritos pasajes de las Escrituras específicos para meditar en ellos o para usarlos en oración. Diviértete desarrollando y practicando otros métodos creativos que te ayudarán a meditar en las verdades y las promesas clave.

- Sumérgete en la verdad. Usa una versión en audio de la Biblia para escuchar la Palabra de Dios mientras conduces tu bicicleta, conduces al trabajo o lavas los platos. Escucha música de adoración o un buen podcast de enseñanza bíblica para mantener tu mente enfocada en la verdad que fortalece una comprensión piadosa de la realidad.

- Anota tus pensamientos. Escribe un pasaje de la Escritura, una pregunta o idea obtenida de tu lectura o de lo que escuchaste. Simplemente comienza a escribir lo que venga a tu mente mientras lo piensas. Pídele a Dios que guíe tus pensamientos mientras escribes y que te hable mientras meditas en su verdad.

La memorización

La memorización es otra forma poderosa para enfocarse en las Escrituras. La práctica de memorizar se ha convertido en una cosa del pasado. ¿Por qué memorizar números telefónicos cuando podemos guardar contactos en nuestros teléfonos? ¿Por qué memorizar las operaciones básicas de multiplicación cuando cargamos calculadoras en nuestro bolsillo a donde quiera que vamos? ¿Por qué memorizar fechas o detalles cuando podemos simplemente buscar la información en Google en un instante? Sin embargo, hay algunas buenas razones para practicar el arte de la memorización.

Dallas Willard, profesor de Filosofía en la Universidad del Sur de California escribió: «La memorización de la Biblia es absolutamente fundamental para la formación espiritual. Si tuviera que elegir entre todas las disciplinas de la vida espiritual, elegiría la memorización de la Biblia, porque es una manera fundamental para llenar nuestras mentes con lo que necesita».[7] El pastor y autor Chuck Swindoll está de acuerdo: «No conozco ninguna otra práctica en la vida cristiana más gratificante, hablando prácticamente, que la memorización de las Escrituras ¡Ningún otro ejercicio otorga mejores beneficios espirituales!».[8] En un momento de frustración, tentación o desánimo, rara vez tomamos tiempo para buscar versículos que nos ayuden. Sin embargo, si los hemos memorizado, el Espíritu Santo nos los recordará y los usará para informarnos y guiarnos en ese momento. La memorización hace que la verdad bíblica esté disponible para nosotros cuando tomamos decisiones e interactuamos con otros. Entonces ¿cómo recuperamos el arte de la memorización?

- Cántala. Esta es una de mis formas favoritas para memorizar. Ya sean canciones de adoración basadas en las Escrituras, o poniéndole nuestra propia melodía a versículos clave, la música nos ayuda a retener lo que estamos aprendiendo.

Mientras trabajo con mis niños para memorizar las Escrituras, algunas veces miramos videos en YouTube que ponen a pasajes bíblicos música nueva y animada, o melodías que ellos ya conocen.

- Visualízala. Imagina un símbolo o una imagen que representa cada sección o concepto del pasaje. Si eres creativo, dibuja o diseña imágenes que ilustren el significado de un versículo como una forma para ayudarte a retenerlo. Una amiga mía dibuja hermosas ilustraciones en los márgenes de su Biblia que representan elementos de lo que está leyendo.
- Repite y repasa. Obviamente, la parte más importante de la memorización es la repetición. Escribe el pasaje en una tarjeta y llévala contigo. En lugar de revisar los mensajes en tu teléfono mientras esperas en la fila o te detienes en un semáforo, saca tu tarjeta y repasa el versículo que estás comprometido a memorizar. Los viajes en automóvil son nuestro tiempo favorito como familia para repasar los versículos de memoria que estamos aprendiendo.

Leer, meditar y memorizar son solo algunas de las muchas formas en las que puedes comprometerte y entender los versículos de las Escrituras que son fundamentales para tu crecimiento espiritual. Algunos métodos adicionales para ayudar a aumentar la alfabetización bíblica incluyen: tomar un curso teológico, unirse a un estudio bíblico o discutir sobre las Escrituras con un amigo o mentor piadoso. Cuando conoces la verdad de Dios, esta guiará tus decisiones y entendimiento. La verdad bíblica puede liberarte de las mentiras y engaños que obstaculizan el liderazgo piadoso. El conocimiento de las Escrituras da esperanza y perspectiva para navegar exitosamente en una cultura impía.

Reflexiones y aplicaciones

¿Cómo describirías tu alfabetización bíblica ahora mismo? ¿En qué áreas te gustaría crecer? Sé específico.

Haz una lista de metas para mejorar tu alfabetización bíblica y crecer en tu comprensión y aplicación de la Palabra de Dios.

Notas

1 Bob Smietana, "Americans Are Fond of the Bible, Don't Actually Read It" [A los norteamericanos les gusta la Biblia pero realmente no la leen], LifeWay Research, publicado el 25 de abril de 2017, http://lifewayresearch.com/2017/04/25/lifeway-research-americans-are-fond-of-the-bible-dont-actually-read-it/.

2 "The Bible in America: 6 Year Trends" [La Biblia en Norteamérica: Tendencias de 6 años], Barna Research Group, publicado en junio de 2016, https://www.barna.com/research/the-bible-in-america-6-year-trends/.

3 "Millennials and the Bible: 3 Surprising Insights" [Los Millennials y la Biblia: Tres percepciones sorprendentes], Barna Research Group, publicado el 21 de octubre de 2014, https://www.barna.com/research/millennials-and-the-bible-3-surprising-insights/.

4 "Groundbreaking ACFI Survey Reveals How Many Adults Have a Biblical Worldview" [Encuesta pionero por el ACFI revela cuántos adultos tienen una cosmovisión bíblica], American Culture and Faith Institute, accedido el 7 de enero de 2018, https://www.culturefaith.com/groundbreaking-survey-by-acfi-reveals-how-many-american-adults-have-a-biblical-worldview/.

5 "The Bible in America: 6 Year Trends", Barna Research Group.

Ed Stetzer, "Epidemic of Bible Illiteracy in Our Churches" [La epidemia de analfabetización bíblica en nuestras iglesias], Christianity Today, publicado en julio de 2015, http://www.christianitytoday.com/edstetzer/2015/july/epidemic-of-bible-illiteracy-in-our-churches.html.

6   Dallas Willard, "Spiritual Formation in Christ for the Whole Life and Whole Person" [traducido como "Formación espiritual en Cristo para toda la vida y toda la persona"], Vocatio 12, no. 2 (Primavera de 2001): 7.

7   Chuck Swindoll, Growing Strong in the Seasons of Life [disponible como Creciendo fuerte en las estaciones de la vida], (Grand Rapids: Zondervan, 1994), p. 61

CAPITULO 9

Practicar la disciplina

Jesús contestó: «Esa clase solo puede ser expulsada con oración».
—Marcos 9:29 NTV

Varios miembros de mi familia son corredores de maratón. Después de correr mis primeros 5K, decidí adoptar el papel de porrista que es menos estresante y consume menos tiempo. Me encanta. Llego al evento el gran día, me paro entre la multitud con campanillas y animo a los corredores mientras realizan la carrera. Me permite ser parte de la diversión sin los meses de preparación dedicada que se necesitan para correr una carrera así.

Los corredores de maratón hacen una inversión significativa de tiempo, energía, dinero y dolor durante semanas y meses antes del día de la carrera. A menudo corren cuatro o cinco veces a la semana y se comprometen en numerosas carreras largas de diez o más millas antes de la carrera. Esas horas de carrera no van acompañadas por multitudes que los animan. Estas pueden tomar lugar a la luz tenue de la madrugada, en el calor del día o en un camino solitario o tranquilo. Las carreras de práctica requieren que el corredor sacrifique algo más: pasar tiempo con la familia, mirar una película, navegar en Internet ¡o simplemente dormir! Completar un maratón, como la mayoría de los logros importantes en la vida, requiere un compromiso y disciplina increíble.

El diccionario Merriam-Webster define la disciplina como «entrenamiento que corrige, moldea o perfecciona las facultades mentales o el carácter moral». El diccionario Collins la define como «la calidad de poder comportarse y trabajar de manera controlada que implica obedecer reglas o estándares particulares». Pocos de nosotros somos disciplinados naturalmente. Por el contrario, debemos cultivarla diligentemente. Esto normalmente requiere que establezcamos una idea clara de los estándares que queremos seguir.

La mayoría de los corredores de maratón tienen una meta de tiempo para su carrera, la cantidad de tiempo en la que esperan completar la carrera. Esto les ayuda a determinar una meta de velocidad, el tiempo en el que esperan correr cada milla. La práctica disciplinada hace posible que cumplan esas metas. Los líderes también necesitan fijarse metas y decidir qué permitirán que determine su carácter moral y los estándares por los que vivirán. Como ya hemos discutido, Daniel y sus amigos basaron sus vidas en el estándar de la ley de Dios e implementaron disciplinas en sus vidas que les permitieron seguir esta ley incluso cuando las cosas se pusieron difíciles.

La disciplina de Daniel

Las Escrituras brindan numerosos destellos de la disciplina evidente en la vida de Daniel. En Daniel 1 leemos sobre su decisión de comer únicamente la comida permitida por la ley de Dios. El capítulo 6 registra una ilustración muy conocida de la disciplina espiritual de Daniel. El versículo 10 detalla sus acciones luego que el rey Darío firmara un decreto que prohibía a cualquier persona orar a cualquier dios que no fuera él durante 30 días: «Ahora, cuando Daniel supo que el decreto había sido publicado, entró en su casa, y abiertas las ventanas de su cámara que daban hacia Jerusalén, se arrodillaba tres veces al día, y oraba, y daba gracias a Dios, como lo solía hacer antes». Esta última frase en la Nueva Biblia Estándar Americana dice: «como lo había estado haciendo previamente». Los enemigos de Daniel ya sabían que él practicaba la disciplina espiritual de la oración tres veces al día. Todo lo que tenían que hacer era convencer al rey Darío para que emitiera el decreto que hiciera ilegal esa oración.

En los capítulos finales de Daniel, vemos la evidencia de otras disciplinas espirituales en la vida del profeta. En Daniel 9, durante el reinado del rey Darío, encontramos a Daniel leyendo los escritos de Jeremías, intercediendo y ayunando. Él confiesa el pecado de su pueblo y ora al Señor a favor de su pueblo. En Daniel 10, durante el reinado del rey Ciro, vemos una vez más a Daniel buscando al Señor y ayunando. En este caso, sin embargo, la Escritura dice que ¡llora y ayuna durante tres semanas! La intensidad y el tiempo que pasó buscando al Señor demuestran una increíble perseverancia construida a través de los años de oración y ayuno.

La disciplina consistente que demuestra Daniel al obedecer la Ley de Dios, la lectura de las Escrituras, así como la oración y el ayuno, fueron fundamentales para su éxito como líder piadoso en Babilonia. La práctica regular de las disciplinas espirituales lo mantuvieron arraigado en los propósitos y el poder de Dios al proporcionarle una defensa en contra de las influencias y tentaciones de la sociedad a su alrededor, y de las presiones de su trabajo y su contexto cultural. Entonces ¿cómo podemos comprometernos con las disciplinas espirituales hoy en día para que nos permitan permanecer firmes en la verdad piadosa, como lo hizo Daniel?

Las disciplinas espirituales

El evangelio de Marcos nos cuenta una historia que ilustra poderosamente la necesidad urgente de desarrollar disciplinas espirituales. En el capítulo 9, Jesús, junto con Pedro, Jacobo y Juan, sube a un monte alto. Los tres discípulos observaron asombrados a Jesús siendo gloriosamente transfigurado y aparecer ante ellos vestido con ropas blancas y resplandecientes, hablando con Moisés y Elías.

Cuando bajan del monte, se encuentran con los otros discípulos rodeados por una gran multitud y maestros de la ley discutiendo con ellos. Parece que un hombre había traído a los discípulos a su hijo quien había sido poseído por un espíritu, para que expulsaran al demonio. Aunque ellos lo intentaron, no fueron capaces de lograrlo. Al escuchar la historia, Jesús echó fuera al espíritu. Cuando los discípulos preguntaron por qué no habían tenido éxito en sus propios intentos, Jesús les responde: «Esta clase solo puede ser expulsada con oración»" (vs 29).

Lamentablemente, a menudo nos encontramos tan ineficaces como los discípulos que trataron en vano de liberar al chico de su espíritu maligno. Encontramos una necesidad, pero cuando oramos, no logramos ver resultados positivos. Es verdad que Dios algunas veces permite que las circunstancias desafiantes persistan para nuestro crecimiento o para propósitos que no siempre entendemos.[1] Sin embargo, con demasiada frecuencia fallamos porque, así como los discípulos, no estamos preparados. Solo necesitamos mirar el ejemplo de Jesús para entender lo que se necesita para tener éxito. Incluso el Hijo de Dios pasó horas practicando consistentemente las disciplinas de la oración y el ayuno.[2] Por ejemplo, él comienza su ministerio con 40 días de ayuno para estar preparado espiritualmente para hacer frente a las necesidades de las personas. Me pregunto si muchas de las necesidades en nuestro mundo hoy en día persisten porque los hombres y las mujeres piadosos no perseveran en presentar su petición, en el ayuno y en escuchar a Dios. ¿Es posible que estemos tan ocupados creando conciencia, leyendo artículos, publicando opiniones o recaudando fondos para asuntos importantes que fracasamos en prepararnos espiritualmente?

La oración y la reflexión

Hay muchos recursos disponibles para aquellos que desean adoptar las disciplinas espirituales. Ya he enumerado varios en la Lista de recursos. Sin embargo, quiero discutir brevemente algunas de las disciplinas espirituales más importantes para los líderes piadosos. En el capítulo anterior, miramos una de las más importantes, conocer la Palabra de Dios. Por supuesto, debe estar acompañada por la oración intencional. No me refiero a solo hablar con Dios, sino a encontrar tiempo para estar con Dios en quietud y reflexión mientras escuchamos lo que puede estar hablando a nuestros corazones.

En su libro, *The Shallows* [*Superficiales*], el autor Nicholas Carr describe cómo el Internet está reconfigurando nuestros cerebros y la forma en la que procesamos la información. Explica:

> Parece que hemos llegado a una coyuntura importante en nuestra historia intelectual y cultural, un momento de transición entre dos modos de pensamiento [...] tranquila, enfocada, sin distracciones, la mente lineal está siendo dejada de lado por un nuevo tipo de mente que quiere asimilar y repartir información en ráfagas cortas, desarticuladas y a menudo superpuestas, cuanto más rápido, mejor.[3]

Con la capacidad de concentración promedio reduciéndose en Estados Unidos, es claro que no pasamos mucho tiempo en silencio y reflexión. Nuestros cerebros están siendo programados para recibir y entregar información en fragmentos rápidos. Estamos desarrollando la habilidad de «echar un vistazo» a la información para extraer de ella inmediatamente lo que parece ser importante y relevante. Por supuesto, esta habilidad es esencial para clasificar la abundancia de información que encontramos a diario. Sin embargo, debemos priorizar el considerar prácticas y hábitos que nos permitan reflexionar y esperar en quietud y en silencio por más de 6 a 8 segundos a la vez.

Hay muchos beneficios para los líderes que practican la reflexión en silencio, entre ellos la disminución del estrés y el aumento de la función mental.[4] Sin embargo, para aquellos que buscan ser líderes piadosos en la cultura de hoy, la razón más crucial para encontrar un espacio de quietud en la vida diaria es para hablar con Dios. Hace muchos años, yo era una joven líder bajo un estrés increíble. Fue durante este período de mi vida que implementé una práctica que se ha mantenido conmigo por más de una década. Continúa siendo crucial para mi salud como líder.

En una ocasión, un ataque de pánico me envió a la sala de emergencias. Sabía que algo en mi vida debía cambiar. Mientras leía los evangelios, fui impactada por la práctica de Jesús de alejarse de las multitudes, aun de sus discípulos, para ir al desierto o al monte para estar apartado en silencio y en soledad con su Padre celestial.[5] Después de haber leído esto, implementé una práctica regular que llamo «días en el desierto». Si bien este tiempo aparte ha sido diferente en las temporadas cambiantes de mi vida, siempre me ha hecho sentir la necesidad de encontrar un lugar aislado, una cabaña en el bosque, una habitación en un hotel, el hogar de algún amigo, un parque, o una habitación tranquila, a donde pueda retirarme de vez en cuando por un par de horas o incluso un par de días.

En la mayoría de los casos, me desconecto completamente dejando mi teléfono, mi computadora y otros dispositivos. Únicamente con un diario, la Biblia y algunos libros, paso el tiempo en oración, reflexión, lectura y escritura. Al principio, normalmente me siento ansiosa mientras me desintoxico del ruido de la vida. Algunas veces incluso experimento tristeza mientras lidio con decepciones o frustraciones que de alguna manera logré ignorar durante mi ajetreo. Sin embargo, con paciencia, puedo descubrir una comprensión más profunda, una perspectiva más fresca y paz de corazón y mente mientras me reconecto con Dios a través de la oración, su Palabra y simplemente escuchando la voz suave y apacible del Espíritu Santo. Este tiempo que paso apartada reajusta mi perspectiva antes de volver a mi rutina regular de oración y a mi ocupada vida. He descubierto que la práctica de la oración intencional enfocada y la reflexión es fundamental para mi bienestar espiritual, mental y emocional como líder.

Si Daniel, un oficial principal en un poderoso imperio, encontró un tiempo y espacio para hablar con Dios tres veces al día, nosotros deberíamos poder encontrar una manera para integrar también la oración a nuestras vidas. La práctica de apartar un tiempo para participar en una conversación íntima y en compañerismo con Dios es esencial para cualquier líder piadoso. El ruido y las distracciones de la vida actual requieren intencionalidad específica. Tenemos una decisión que tomar si es que queremos ser líderes efectivos. ¿Priorizaremos, como lo hizo Daniel, nuestra comunicación con Dios por encima de todo lo demás?

Ayuno

Otra disciplina espiritual poderosa e impactante en mi propia vida ha sido la del ayuno. Comencé a ayunar desde que era una preadolescente porque vi la disciplina que practicaban mis padres y observé el impacto positivo que tenía en nuestra familia y en su ministerio. Yo quería adoptar eso en mi propia vida. A menudo he encontrado que el ayuno aviva mi vida de oración, hace progresar los esfuerzos ministeriales y aumenta mi comprensión de una situación. Incluso al escribir este libro, encontré que el ayuno era vital para vencer los numerosos obstáculos. El ayuno es tan importante que trato de ayunar, en cierto modo, por lo menos una vez a la semana.

Es posible que te sorprendas al descubrir con qué frecuencia está mencionado en la Biblia. Hay muchos ejemplos de líderes que, en un momento de crisis, llamaron al pueblo, incluso a los niños, a ayunar. En 2 Crónicas 20, por ejemplo, cuando los ejércitos enemigos vinieron en contra de Judá, el rey Josafat proclamó un ayuno en todo Judá ¿Cuál fue la respuesta de Dios? ¡Les permitió ganar una batalla sin siquiera levantar un arma! En Esdras 8, los judíos que están regresando del exilio oran pidiendo protección en su peligroso viaje a través del territorio plagado de bandidos y enemigos. Dios los lleva a salvo de regreso a Jerusalén sin una escolta militar u otra defensa física. En Ester 4, los judíos enfrentan destrucción por parte de un líder malvado. El primo de Ester, Mardoqueo, reúne a todo el pueblo para ayunar por la reina quien acepta presentar su caso ante el rey. Dios interviene y ¡Ester halla el favor del rey de modo que su pueblo se salva!

El Antiguo Testamento no es el único lugar en la Biblia en donde encontramos ejemplos de ayuno. En los evangelios, Jesús no solo discute sino también modela la disciplina del ayuno. En Marcos 2:20, Jesús dice: «Pero llegará el día en que se les quitará el novio, y ese día sí ayunarán». En Mateo 6:16-18, Jesús da instrucciones para «cuando ayunen». Ten en cuenta que no dice «si ayunan». Es claro que Jesús esperaba que sus seguidores ayunaran.

Otros ejemplos poderosos de ayuno los encontramos en la iglesia primitiva como se registra en el Nuevo Testamento. Algunos de los tiempos más impactantes para mí son aquellos cuando los líderes se reunían en ayuno y oración. En Hechos 13:1-3, encontramos a los maestros y los profetas sirviendo al Señor por medio de ayuno y oración. Como resultado, Dios les dio instrucciones claras con respecto a sus propósitos para Pablo y Bernabé. Cuando ellos plantaron iglesias y nombraron ancianos en las congregaciones, Pablo y Bernabé también oraron y ayunaron.[6] Así como los líderes piadosos de aquellos días, nosotros también debemos hacer del ayuno y de la oración nuestra prioridad. Habrá muchas veces cuando llamemos a otros para unirse a nosotros en el ayuno para que Dios se mueva en un lugar o situación en particular. ¡El ayuno puede y aumentará la obra de Dios en y a través de nuestras vidas!

Adoración

La adoración es una disciplina espiritual que algunas veces se pasa por alto. Es fácil concentrarse en los que Dios puede hacer por nosotros en lugar de enfocarnos en lo que nos llama a hacer por él. La adoración fija nuestro enfoque directamente en Dios, en quién es, qué ha hecho, sus propósitos y su gloria. Daniel 9 registra la adoración apasionada del profeta hacia Dios mientras ora por su pueblo. En el versículo 4, declara la majestad y la fidelidad de Dios. «Señor, Dios grande y terrible, que cumples tu pacto de fidelidad con los que te aman y obedecen tus mandamientos». Es en la adoración que declaramos verdades sobre Dios que le dan gloria y edifican nuestra fe. A menudo encuentro que, con pasar solo unos momentos en adoración sincera, ¡puede cambiar completamente mi perspectiva y reenfocar mi mirada hacia quién es el Dios al que sirvo!

Al igual que el corredor de maratón, cuya práctica disciplinada resulta en la capacidad de cruzar exitosamente la línea de meta, debemos estar dispuestos a hacer el trabajo duro de la preparación disciplinada. Si no estamos dispuestos a orar fielmente, a escuchar en silencio, a adorar y a servir con diligencia gozosa incluso cuando nadie nos mira o lo nota, no podemos esperar ver a Dios moverse en y a través de nosotros. ¡Él se manifiesta con amor y poder para satisfacer las profundas necesidades de nuestro tiempo mientras se manifiesta poderoso en nuestro beneficio!

Reflexiones y aplicaciones

¿Qué estrategias consideras más efectivas para desarrollar hábitos saludables en tu propia vida? ¿Cómo has aplicado esos hábitos a tus disciplinas espirituales?

¿Qué disciplinas espirituales te gustaría desarrollar más en tu vida en este momento? ¿Cómo puedes hacerlo?

Notas

1 II Corintios 12:6-10; Isaías 55:9
2 Mateo 4; Marcos 1:35
3 Nicholas Carr, The Shallows: What the Internet is Doing to Our Brains [disponible como Superficiales: ¿Qué está haciendo Internet con nuestras mentes?, (New York: Norton & Company, 2011), xxx.
4 Carolyn Gregoire, "Why Silence Is So Good for Your Brain" [Por qué el silencio es tan bueno para tu cerebro], The Huffington Post, publicado el 5 de marzo de 2016, https://www.huffingtonpost.com/entry/silence-brain-benefits_us_56d83967e4b0000de4037004.
5 Lucas 5:16
6 Hechos 14:21-28

CAPITULO 10

Elegir compañeros piadosos

Esperamos más de la tecnología y menos el uno de otro.
—Sherry Turkle

Una amiga lamentó recientemente el hecho de que nos vemos muy pocas veces. Expresó su pesar por no saber lo que estaba sucediendo en mi vida. Los horarios llenos a menudo nos dificultan encontrar el tiempo para reunirnos en persona. Como resultado, tratamos de mensajearnos, pero esas conversaciones normalmente quedan inconclusas o permanecen superficiales. Cuando pasamos tiempo en persona, mi amiga fácilmente se distrae cuando alguien pasa caminando o cuando escucha el sonido de su teléfono celular. Como te puedes imaginar, es difícil para mí sentirme lo suficientemente cómoda para compartir algo valioso en esas circunstancias. Incluso cuando lucho para saber cómo continuar esta amistad, me doy cuenta de que no soy la única. La mayoría de nosotros encuentra difícil desarrollar el tipo de relaciones piadosas que nos animan y nos apoyan.

Los compañeros de Daniel

Daniel encontró muchos desafíos en Babilonia. Él era parte de una minoría, pero incluso entre su propio pueblo, había quienes a menudo fracasaban en entender los propósitos del Señor. Sin embargo, no estaba solo. Unos pocos amigos fieles permanecieron con Daniel durante los tiempos difíciles. Estos compañeros piadosos le brindaron a Daniel el apoyo que necesitaba para navegar en las circunstancias problemáticas en la Babilonia impía. Daniel confió en estos jóvenes en los tiempos de prueba y contó con su oración y ánimo sinceros.

En Daniel 2:5, leemos que Nabucodonosor tuvo un sueño desconcertante que no entendió. Llamó y reunió a los astrólogos y a los hechiceros y les dijo: «Mi decisión ya está tomada: Si no me dicen lo que soñé, ni me dan su interpretación, ordenaré que los corten en pedazos y que sus casas sean reducidas a cenizas». Esta fue una amenaza bastante dramática, pero nos muestra el tipo de líder al que Daniel había sido llamado a servir. Debido a sus puestos en el reino, Daniel y sus amigos fueron incluidos entre el grupo destinado a la ejecución. ¿Qué iba a hacer un líder joven ante semejante maldad, oposición e injusticia?

La respuesta de Daniel ante esta prueba nos da un modelo para cada líder piadoso. Daniel 2:17-18 explica que después de escuchar la declaración del rey, «Daniel volvió a su casa y les contó a sus amigos Ananías, Misael y Azarías cómo se presentaba la situación. Al mismo tiempo, les pidió que imploraran la misericordia del Dios del cielo en cuanto a ese sueño misterioso para que ni él ni sus amigos fueran ejecutados con el resto de los sabios babilonios». Al igual que estos hombres, los líderes de hoy necesitan compañeros piadosos que estén junto a ellos en tiempos de crisis. A medida que leemos, vemos que, en efecto, Dios contestó la súplica de Daniel y sus amigos. Dios también le dio el valor a Daniel para decirle al rey que Dios había sido quien le había revelado el misterio.

Daniel no olvidó a su Dios, tampoco olvidó a sus amigos en los tiempos de prosperidad y bendición. En lugar de atribuirse el crédito, constantemente dio la gloria a Dios. Después de contarle el sueño y la interpretación al rey Nabucodonosor, Daniel recibió un ascenso. Las Escrituras nos dicen que cuando habló al rey en nombre de sus amigos, también ellos recibieron ascensos. Daniel mostró ser un amigo fiel y humilde que no tenía miedo de admitir que no había enfrentado la crisis solo. Cuando vino la bendición, buscó rápidamente el bienestar de los compañeros piadosos en su vida.

Los compañeros de Daniel no solo lo apoyaron en tiempos difíciles. Ellos compartían sus mismos valores y fielmente oraron con él pidiendo la ayuda y la dirección de Dios en todas sus circunstancias. La misma dedicación a Dios, fe en su poder y sumisión a sus propósitos que vemos en la vida de Daniel se demuestran también en las acciones de Ananías, Misael y Azarías. En Daniel 3, leemos sobre el decreto para inclinarse ante la estatua de oro del rey. A pesar de la amenaza de muerte, ellos se negaron a hacerlo. Considerando la necesidad que tenía Daniel de compañeros piadosos, ¿cómo nosotros encontramos y fomentamos relaciones similares?

Desafíos para un compañerismo piadoso

Veamos algunos de los desafíos para desarrollar relaciones piadosas. En los últimos 30 años, la forma en la que nos conectamos y comunicamos con los demás ha cambiado drásticamente. Muchos de esos cambios han sido benéficos. Por ejemplo, mis hijas pueden comunicarse regularmente por medio de mensajes de video con sus abuelos que viven en otro estado y país. Mis hermanos, ahora dispersos por muchos kilómetros, nos comunicamos casi diariamente usando una aplicación de textos. Gracias a la tecnología, puedo comunicarme fácilmente con personas alrededor del mundo mientras dirijo mi negocio desde casa. Esto me permite estar con mis hijos mientras hago algo que disfruto. Sin embargo, algunos cambios en la comunicación y en las relaciones para nosotros como sociedad, no han sido positivos. De hecho, algunos de ellos suponen grandes desafíos para nuestra capacidad de desarrollar amistades profundas y significativas.

La disminución de la empatía

Como se mencionó anteriormente, las estimaciones indican que muchos adolescentes y adultos jóvenes hacen uso de la tecnología de 8 a 12 horas diarias. Si bien gran parte de esto se relaciona con la escuela o el trabajo, una cantidad considerable se emplea para propósitos sociales o de entretenimiento. Esto ha resultado en varias consecuencias problemáticas al relacionarse con nuestra habilidad de establecer y mantener relaciones saludables. La empatía, por ejemplo, ha disminuido a medida que la tecnología aumenta. Un estudio revela que los estudiantes universitarios son 40 por ciento menos empáticos que los de hace 20 o 30 años, antes de la llegada del Internet.[1] Las pantallas opacan nuestra habilidad de sentir el dolor y la alegría de los demás y de conectarnos con ellos emocionalmente. Esto constituye una amenaza para las relaciones profundas y estables, las cuales son imposibles de mantener sin una interacción empática continua.

El narcisismo

Otro desafío para las amistades piadosas es nuestra percepción de uno mismo. Las redes sociales han dado como resultado una tendencia creciente de narcisismo en nuestra cultura actual. El autor Tim Elmore declara que el uso excesivo de las plataformas de redes sociales personales puede fomentar una cultura narcisista. Refiere que el 95 por ciento de todos los adultos jóvenes participan en la toma de *selfies*. El *Millennial* promedio está actualmente en el camino a tomarse 25 000 *selfies* durante el transcurso de su vida.[2] Si bien no hay nada propiamente malo sobre las *selfies*, estas reflejan una cultura enfocada en cómo nos vemos, nuestra necesidad de documentar y compartir constantemente lo que estamos haciendo y nuestra tendencia a preocuparnos demasiado por cómo nos perciben las personas. El investigador Jean Twenge informa que desde el año 2000, el narcisismo se ha acelerado más rápido que en las décadas previas.[3] Las características del narcisismo incluyen alardear de los logros personales, encontrar oportunidades para llamar la atención e insistir en centrar las conversaciones en uno mismo. Es fácil ver cómo las redes sociales pueden fomentar este tipo de mentalidad. Si nos enfocamos en nosotros mismos, es imposible que las relaciones piadosas prosperen.

La reducción de la capacidad de concentración y de compromiso

La tecnología brinda un acceso sin precedentes a las personas y a la información. En lo que se refiere al uso de Internet, debemos aprender a ser intencionales sin obsesionarnos con él. Si no lo hacemos, nos daremos cuenta de que somos cada vez más impacientes e incapaces de hacer compromisos. Después de todo, si no nos gusta un video que estamos viendo, una canción que estamos escuchando o alguien con quien nos estamos comunicando, podemos simplemente cambiar el video, la canción o incluso el amigo. El exceso de opciones disponibles a nuestro alcance hace que sea fácil abandonar algo y continuar rápidamente con otra cosa. Esto es evidente en el empleo, dentro de los equipos, nuestra elección y uso de entretenimiento y, sí, incluso en las relaciones interpersonales. El compañerismo piadoso que se necesita para resistir las tormentas del liderazgo de hoy requiere un compromiso que a menudo es doloroso, sacrificial, perdonador e incondicional. Desafortunadamente, nuestros estilos de vida actuales no nos ayudan a alcanzar este objetivo. Por el contrario, debemos situarnos en una dirección que nos ayude a continuar aprendiendo y creciendo como compañeros piadosos.

La falsa intimidad

En su libro, *Alone Together: Why We Expect More from Technology and Less from Each Other* [Juntos pero solos: Por qué esperamos más de la tecnología y menos los unos de los otros], Sherry Turkle analiza a profundidad cómo la tecnología afecta las relaciones. Ella explica: «La tecnología se plantea a sí misma como el arquitecto de nuestras intimidades. Estos días, la tecnología propone sustituciones que evaden lo real».[4] Es cierto, la intimidad piadosa en las relaciones a menudo surge de experiencias como las de Daniel y sus amigos, orando, perseverando y soportando las dificultades juntos en lugar de hacerlo mediante conexiones e interacciones superficiales. Puede ser tentador sustituir la verdadera intimidad por conexiones fáciles. Entonces, ¿cómo nos movemos más allá de las relaciones superficiales que tanto prevalecen en nuestra sociedad actual hacia aquellas que nos ayudarán a mantenernos en los días por venir?

UNA GENERACIÓN COMO DANIEL

Desarrollar la inteligencia emocional

Una clave importante para las relaciones saludables es la inteligencia emocional (IE). Esta consiste en comprender nuestras propias emociones y las de los demás. Para desarrollar la inteligencia emocional y las habilidades sociales (esas habilidades de las personas que las ayudan a tener éxito en el ambiente laboral de hoy), a menudo se requiere más esfuerzo intencional que en el pasado. Debido a la naturaleza virtual de nuestras interacciones que es cada vez mayor en el hogar, en la escuela y el trabajo, experimentamos significativamente menos interacciones en persona que las generaciones previas. Mientras que los *Millennials* e individuos de la Generación Z son expertos para comunicarse virtualmente, en esas comunicaciones virtuales se pierde la valiosa intimidad. El autor Nicholas Kardaras cita un informe realizado por Quantified Impressions [Impresiones Cuantificadas] que indica que el adulto promedio de la actualidad tiene contacto visual entre el 30 y el 60 por ciento del tiempo en la conversación.[5] La conexión emocional se construye cuando existe contacto visual del 60 a 70 por ciento de la comunicación. Mientras menos contacto visual exista, se realizan menos conexiones. Las conexiones virtuales, aunque son valiosas, no pueden reemplazar la conexión emocional y la sensación de bienestar que ocurre con el contacto visual, el tacto y la presencia física.

Los consultores Travis Bradberry y Jean Greaves declaran: «A pesar del creciente enfoque en la IE, aún existe un déficit global en la comprensión y manejo de las emociones, solo el 36 por ciento de las personas que analizamos son capaces de identificar con precisión sus emociones conforme las van experimentando. Eso significa que dos tercios de nosotros estamos normalmente controlados por nuestras emociones».[6] Para participar en relaciones saludables, debemos entender nuestras emociones y manejarlas bien. De lo contrario, se producen relaciones superficiales o disfuncionales, y un liderazgo tóxico.

¿Qué es la inteligencia emocional, y cómo la desarrollamos como amigos y líderes? Harvard Business Review declara:

> En su investigación en cerca de 200 grandes compañías internacionales, Daniel Goleman descubrió que si bien, las cualidades normalmente asociadas con el liderazgo, tales como la inteligencia, fortaleza, determinación y visión, son necesarias para el éxito, aun así, son insuficientes. Los líderes verdaderamente efectivos también se distinguen por su alto grado de inteligencia emocional, que incluye el autoconocimiento, autorregulación, motivación, empatía y habilidad social.[7]

La investigación muestra que la IE es uno de los indicadores del éxito más importantes, aún más que el CI o la experiencia. Bradberry y Greaves explican que se relaciona directamente a cuánto haremos y cuán exitosos seremos en nuestro trabajo. «Las personas con IE alta ganan más dinero (un promedio de $29 000 por año más que las personas con una baja IE). Aún no hemos podido encontrar un trabajo en el cual el rendimiento y el salario no estén tan íntimamente ligados a la IE».[8] La buena noticia es que, independientemente de si una persona tiene una IE alta o bajo, cualquiera puede mejorar. Veamos algunas formas de aumentar nuestra inteligencia emocional.

El autoconocimiento es el primer elemento de una buena inteligencia emocional. La mayoría de nosotros probablemente conocemos personas que no entienden cómo se relacionan con otros o no reconocen el impacto de sus comportamientos en los demás. Suele ser más fácil ver las debilidades de los demás que ver las nuestras. Ser consciente de uno mismo requiere conocernos bien. Esto implica honestidad, autenticidad y humildad. Sin embargo, sin el autoconocimiento, las relaciones generalmente se estancan. Hay disponibles muchos recursos excelentes para mejorar la IE. Solo destacaré algunos consejos a considerar para lograr un autoconocimiento saludable:

- Presta atención a tus emociones. Observa cómo respondes a las situaciones, regístralas en un diario. Reconoce honestamente si necesitas ayuda para aprender a manejarlas y busca ayuda.
- Pide comentarios honestos a familiares, amigos y compañeros de trabajo confiables. No te pongas a la defensiva, no te enojes ni te desanimes con lo que escuchas. Agradece amablemente por lo que comparten contigo y solicita su ayuda para mejorar las áreas de debilidad.

- Pregúntate por qué respondes de la manera que lo haces, y comprende los valores y los puntos de vista que motivan tus emociones. Si es necesario, busca ayuda para identificar los detonantes emocionales y aprende a responder de manera más efectiva.
-

Una vez que comenzamos a enfocarnos en nuestro autoconocimiento, podremos manejar las emociones dañinas. El autocontrol es fundamental para las relaciones y el liderazgo. Zig Ziglar una vez dijo: «Debes manejarte a ti mismo antes de poder liderar a alguien más». Aquí hay algunas formas para trabajar el manejo de las emociones fuertes:

- Tómate un tiempo y espacio antes de responder a un mensaje de texto, una publicación o conversación emocionalmente inquietante o antes de tomar una decisión importante. Pausa y reflexiona, busca consejo sabio o «consúltalo con la almohada».
- Aparta un tiempo para reflexión y resolución de problemas. Nuestras vidas están tan llenas de ruido y distracciones que es fácil responder a las personas y situaciones de manera precipitada e imprudente.
- Encuentra a alguien que sea experto en manejar sus emociones y responder a los demás. Pídele que te aconseje. Está abierto a lo que te dice.

A medida que trabajamos para comprender y manejar nuestras propias emociones, también debemos aumentar nuestra conciencia y habilidades sociales o relacionales. Los buenos amigos y líderes prestan atención a cómo se pueden sentir los demás para poder responder apropiadamente. Las habilidades sociales requieren una intencionalidad constante a lo largo de la vida a medida que nos relacionamos con diferentes tipos de personas en una variedad de situaciones. Aquí hay algunos buenos recordatorios con respecto a las habilidades sociales:

- Involúcrate completamente con la persona(s) con las que estás interactuando. Ten contacto visual; observa su lenguaje corporal y sus expresiones faciales; deshazte de las distracciones.
- Practica el arte de hacer preguntas abiertas y escuchar activamente.
- Fomenta la confianza demostrando que te interesa, recibiendo bien los comentarios, abordando las conversaciones difíciles con gracia y explicando tus decisiones y acciones.

Te animo a buscar recursos para desarrollar aún más tu inteligencia emocional, no importa en qué nivel se encuentra hasta hoy. Un gran libro para comenzar es *Inteligencia Emocional 2.0* por Bradberry y Greaves. El coaching de liderazgo con la Herramienta de Autoconocimiento del Perfil de Identidad [IPSAT, por sus siglas en inglés] o una evaluación similar también puede servir como un recurso maravilloso.[9] Y lo más importante, practica intencionalmente la inteligencia emocional en las relaciones actuales en tu vida.

Mostrarnos amigables

En mi vida he experimentado varios períodos de soledad intensa. En estas temporadas, mis pensamientos frecuentemente me llevan a Proverbios 18:24. Cuando era niña, aprendí este versículo en la Versión Nueva *King James* que dice: «Un hombre que tiene amigos debe mostrarse amable». Ese versículo ha permanecido conmigo desde entonces. Cuando busco una conexión y compañerismo profundos, estoy obligada a preguntarme: «¿He sido una buena amiga?». Al hacer esto, descubro en qué áreas debo mejorar y practicar una inteligencia emocional saludable, mostrando empatía e invirtiendo en las relaciones más importantes en mi vida. Las distracciones, un deseo de popularidad y aceptación, o enfocarnos en nuestras propias necesidades pueden impedir nuestra habilidad de desarrollar relaciones cercanas. A veces me doy cuenta de que mi soledad puede ser una oportunidad de aprendizaje y crecimiento. Estas ocasiones han probado ser temporadas maravillosas de oración y preparación para las amistades que Dios intenta traer a mi vida en el futuro.

No podemos esperar tener amigos cercanos si no estamos dispuestos a continuar aprendiendo y creciendo como amigos. A medida que comenzamos a relacionarnos con la cultura que nos rodea, los compañeros jugarán un papel importante para mantenernos enfocados en la verdad de Dios y fieles a sus promesas. Cualquier esfuerzo y sacrificio por desarrollar y mantener estas amistades valen la pena.

Reflexiones y aplicaciones

¿Tengo compañeros piadosos en mi vida ahora mismo o me he conformado con una falsa intimidad? ¿Permito que las personas piadosas en mi vida me desafíen, me animen y me apoyen? ¿Cómo luce esto en mi vida?

¿Qué tipo de amigo soy? ¿Poseo una buena inteligencia emocional y empatía? ¿Pienso primero en mí o en los demás? Da un ejemplo. ¿Cómo puedo crecer en ser un buen amigo?

Notas

1 Pamela Paul, "From Students, Less Kindness for Strangers?" [De estudiantes, ¿menos amabilidad para los desconocidos?], New York Times, publicado el 25 de junio de 2010, http://www.nytimes.com/2010/06/27/fashion/27StudiedEmpathy.html.
2 Tim Elmore, Marching off the Map (Atlanta: Poet Gardener Publishing, 2017), 181.
3 Jean M. Twenge y W. Keith Campbell, The Narcissism Epidemic: Living in the Age of Entitlement [disponible como La epidemia del narcisismo: Vivir en la era de la pretension], (New York: Free Press, 2009), 2.
4 Sherry Turkle, Alone Together (New York: Basic Books, 2011), p. 1.
5 Nicholas Kardaras, Glow Kids (New York: St. Martin's Press, 2016), 219.
6 Travis Bradberry y Jean Greaves, Emotional Intelligence 2.0 [disponible como Inteligencia Emocional 2.0] (San Diego, TalentSmart, 2009), 13.
7 Daniel Goleman, "What Makes a Leader?" [¿De qué es hecho un líder?] Harvard Business Review (enero 2004), 1.
8 Travis Bradberry y Jean Greaves, Emotional Intelligence 2.0, 21-22.
9 Ver myipsat.com o leadingtomorrow.org/leadership-coaching.

CAPITULO 11

Relacionarse con una cultura impía

No te pido que los quites del mundo, sino que los protejas del maligno.
—Juan 17:15

Durante muchas décadas, los cristianos en Estados Unidos disfrutaron de, lo que algunos llaman, el «gueto cristiano». Un gueto es un grupo o área separada. Aunque a menudo se usa para referirse a un aislamiento no deseado, también puede ser un lugar de comodidad, familiaridad y seguridad. Esta definición positiva refleja el gueto de cristianismo que construimos en el pasado. Creo que en el futuro podremos ver que nuestra cultura se esforzará por limitar a los creyentes a un lugar de aislamiento no deseado y marginación. Independientemente de ello, el gueto cristiano obstaculiza nuestro propósito de ser una generación como Daniel. A continuación, me explico.

El gueto cristiano del pasado

Crecí como hija de misioneros haciendo escuela en casa. Criada antes de la llegada del Internet, mi exposición al gran mundo exterior fue limitada. Mis estudios y lecciones fueron parte de un plan de estudios cristiano. Nuestra casa siempre estaba llena de libros cristianos. Escuchábamos música cristiana y la mayoría de mis actividades extraescolares incluían la iglesia u otros creyentes. Viví en un gueto cristiano, aislada en muchas maneras del mundo a mi alrededor. Más tarde, asistí a la universidad cristiana donde a menudo comentamos que vivíamos en una "burbuja cristiana" de servicios de capilla, estudios bíblicos y clases teológicas. Si bien esas experiencias me ayudaron a desarrollar una base sólida de fe en mi vida, permanecer en el «gueto» o «burbuja» nunca me habría permitido experimentar completamente el propósito de Dios para mi vida. La escuela de posgrado me ofreció un camino abrupto fuera del gueto y sirvió como catalizador para la obra de Dios en mí y a través de mí en un nivel más profundo.

Hoy en día, muchos creyentes se aferran a su propio gueto cristiano. Hacen donaciones y son voluntarios para organizaciones cristianas, se suscriben a revistas o *podcasts* cristianos, escuchan música cristiana e interactúan principalmente con otros creyentes por medio de estudios bíblicos, grupos pequeños, redes sociales y comunidades virtuales. Si bien esas son experiencias valiosas y fundamentales, si consumen nuestro tiempo y energía hasta el punto en que nunca dejamos el gueto y no nos relacionamos con personas que no conocen a Dios, estas pueden llegar a ser perjudiciales para lo que Dios quiere hacer a través de nosotros en los días por venir.

Más allá del gueto

Después de la resurrección de Cristo y su ascensión, la iglesia primitiva tuvo su inicio en Jerusalén, donde Jesús les había dicho a sus discípulos que esperaran al Espíritu Santo prometido. Fue allí donde 3 000 personas de diferentes regiones se convirtieron en un solo día. Hechos 2:42-47 nos da un hermoso relato de la iglesia primitiva:

> Se mantenían firmes en la enseñanza de los apóstoles, en la comunión, en el partimiento del pan y en la oración. Todos estaban asombrados por los muchos prodigios y señales que realizaban los apóstoles. Todos los creyentes estaban juntos y tenían todo en común: vendían sus propiedades y posesiones, y compartían sus bienes entre sí según la necesidad de cada uno. No dejaban de reunirse en el templo ni un solo día. De casa en casa partían el pan y compartían la comida con alegría y generosidad, alabando a Dios y disfrutando de la estimación general del pueblo. Y cada

día el Señor añadía al grupo los que iban siendo salvos.

Muchos de nosotros anhelamos experimentar la riqueza del compañerismo y el crecimiento espiritual evidente de los primeros días de la Iglesia. Los propósitos de Dios para los creyentes ya entonces abarcaban más que un club de la iglesia y la comodidad de la compañía familiar de unos con otros. El corazón de Dios se extendió a todas las naciones y su gloria debía ser revelada en toda la tierra. La persecución de la iglesia primitiva dispersó a los creyentes de Jerusalén, y a dondequiera que ellos iban, llevaban el mensaje de Jesús con ellos. Los capítulos restantes del libro de los Hechos detallan un poderoso relato de cómo el mensaje de Jesús se extendió hasta Antioquía, Samaria, Etiopía, Roma y más allá.

Daniel creció en su propio tipo de gueto. Judá estaba, en muchos sentidos, aislada de las naciones a su alrededor. La vida en Jerusalén cerca del templo de Dios ofrecía una experiencia como ninguna otra en el mundo. A pesar de que Dios fomentó un cierto aislamiento de las otras naciones alrededor de Judá para protegerlos de seguir a dioses falsos y de las prácticas impías, el pueblo ignoró los mandamientos de Dios y abandonó la ley de Dios para practicar la adoración a los ídolos. La respuesta de Dios fue permitir la invasión de Jerusalén y el exilio del pueblo. Sin embargo, Dios tenía un plan para manifestar su gloria, incluso en un lugar como Babilonia. Este plan necesitaba una generación como Daniel que comprendió lo que significaba estar dentro de una cultura impía, sin ser parte de ella.

No del mundo

La oración de Jesús al Padre en Juan 17:13-18 refleja su comprensión de lo que sus seguidores enfrentarían en los días, años y siglos después de su regreso al cielo:

> Ahora vuelvo a ti, pero digo estas cosas mientras todavía estoy en el mundo, para que tengan mi alegría en plenitud. Yo les he entregado tu palabra, y el mundo los ha odiado porque no son del mundo, como tampoco yo soy del mundo. No te pido que los quites del mundo, sino que los protejas del maligno. Ellos no son del mundo, como tampoco lo soy yo. Santifícalos en tu verdad; tu palabra es la verdad. Como tú me enviaste al mundo, yo los envío también al mundo.

Aunque este pasaje está lleno de ideas poderosas, quiero concentrarme en dos solamente:

Primero, Jesús no pide que seamos quitados de este mundo. De hecho, nuestra presencia en el mundo es parte de su plan. En Mateo 5, Jesús claramente enseña que somos la sal de este mundo. ¿Qué hace la sal? Cuando se agrega a la comida, mejora el sabor. A veces me quejo de que muchos de mis amigos íntimos y piadosos están dispersos por todo el mundo, haciéndome sentir un poco sola, pero mi papá misionero me recuerda que la sal no está hecha para permanecer en una pila sin ser usada. En cambio, debe esparcirse para darle sabor al mundo.

Segundo, Jesús pide al Padre que nos proteja del maligno. Él reconoce que como sus seguidores servir como la sal del mundo no será fácil. Fuerzas reales y poderosas trabajan para inducirnos a la complacencia, perseguirnos hasta llevarnos a apostatar, o tentarnos a la infidelidad. El atractivo de los guetos cristianos que aceptamos voluntariamente proviene de nuestro deseo de separarnos de esas malas influencias y ataques. Esto es comprensible, pero no importa cómo respondamos, no debemos vivir aislados de la cultura a la cual Dios nos llama dar a conocer su gloria.

La mayoría de nosotros conocemos creyentes que abandonaron su fe con la excusa de querer hacer que el evangelio fuera relevante en la cultura actual. Sienten la necesidad de participar en ciertas actividades para alcanzar a sus amigos. La comida no cambia el sabor de la sal; la sal es la que cambia el sabor de la comida. Cuando la cultura comienza a dar sabor e influir en nuestras vidas, ya no somos sal. Si queremos influir en la cultura, sin formar parte de ella, debemos seguir el ejemplo de Daniel. Desarrollarnos en un estilo de vida mientras participamos en una cultura impía, requiere que tengamos una fe fuerte, que seamos disciplinados, que permanezcamos en oración durante la lucha y nos mantengamos en constante dependencia de Dios. Relacionarnos con el mundo en una forma saludable fortalece nuestra fe porque nos obliga a conocer la Palabra de Dios, a depender del Espíritu Santo y a buscar humildemente su sabiduría y favor al mismo tiempo que interactuamos con aquellos que no le conocen.

RELACIONARSE CON UNA CULTURA IMPÍA
El idioma de Babilonia

Cuando los hebreos exiliados llegaron a Babilonia, el rey Nabucodonosor le dijo a su jefe de personal que capacitara y enseñara a los jóvenes de Judá. Además de aprender el idioma y las costumbres de Babilonia, Daniel y sus amigos probablemente estudiaron las supersticiones religiosas y la hechicería común entre los caldeos. La agenda educativa para estos jóvenes debía dar como resultado una reconstrucción completa de sus valores y lealtades. Tuvieron que oponerse al adoctrinamiento de su nueva cultura mientras obtenían el entendimiento necesario para servir a un rey impío al mismo tiempo que mantenían sus posiciones de gran influencia. Su conocimiento íntimo de la cultura, su gente y provincias les permitió más adelante servir en posiciones estratégicas de liderazgo.

Hoy en día, mientras los creyentes se separan completamente de las influencias del mundo, secuestrándose a sí mismo en el gueto cristiano, raramente poseen la capacidad de tener un importante impacto en la cultura. Esto es porque no se han tomado el tiempo para entenderla. Por el contrario, aunque Daniel y sus amigos no imitaron la cultura que los rodeaba, fueron capaces de participar en ella de una forma que produjo respeto, aunque no aceptación. ¡Causaron un impacto al sobresalir de la multitud literalmente! Nuestra meta como creyentes hoy en día no es ser o hacer lo que la cultura a nuestro alrededor nos dicta, sino entenderla para poder servir eficazmente dondequiera que Dios nos coloque. El desafío de Daniel y sus amigos refleja nuestro desafío hoy. Debemos aprender sobre la cultura impía en la cual vivimos mientras evitamos su influencia. Creo que esto es imposible sin la ayuda del Espíritu Santo. De acuerdo con Juan 16, el Espíritu Santo es quien nos guía mientras navegamos en los desafíos de vivir como líderes piadosos en un mundo caído. A medida que nos embarcamos en esta misión, debemos posicionarnos para escuchar y obedecer su voz.

El gueto cristiano del futuro

Actualmente está surgiendo un nuevo gueto cristiano. No es uno de nuestra elección, sino uno dictado por la cultura a nuestro alrededor. Este gueto aísla a los creyentes, limita su influencia y protege a otros de sus puntos de vista. Implica un proceso de marginación o desacreditación de la opinión, las tradiciones y las creencias de cualquiera que diga creer en Jesucristo.

En su libro *Is This the End?* [*¿Es este el fin?*] David Jeremiah menciona cinco etapas de la persecución: estereotipar, marginar, amenazar, intimidar y litigar.[1] Vemos las etapas iniciales desarrollándose en nuestra cultura de hoy como fuerzas presionándonos para establecer un gueto cristiano filosófico y social.

En un evento reciente de liderazgo intergeneracional, organicé una mesa redonda para los líderes jóvenes. La aportación de un joven de 16 años fue contundente. Como hijo de un pastor que inmigró a los Estados Unidos, estaba apasionado por su fe. Había crecido observando a su padre vivir sus creencias cristianas de formas tangibles. La profundidad del compromiso de este joven con el ministerio era evidente para todos con los que compartían su esperanza y deseo para la iglesia. También confesó al grupo que nunca publicaba nada en las redes sociales relacionado con la fe, ni había reconocido a Dios ante sus amigos de la escuela. De haberlo hecho, creía que resultaría en pérdida de credibilidad y exclusión de sus círculos sociales. Esto puede parecer inconsistente para muchos de nosotros, pero no es el único. En otro evento, un pastor compartió su historia acerca de un evento deportivo en una escuela local. Mientras estaba allí, se encontró con un estudiante de secundaria que asistía regularmente a la iglesia. Sin embargo, el estudiante ignoró al pastor cuando se encontraron. Más tarde, el joven se disculpó con el pastor, explicándole que no podía dejar que sus compañeros supieran que asistía a la iglesia porque sería rechazado.

Los estereotipos de jóvenes creyentes existen en muchos campus universitarios. Una joven piadosa de quien fui mentora compartió conmigo sus experiencias al asistir a una universidad estatal. Me explicó que mientras se sentaba en clase todos los días, tenía que decidir si se iba a sentar y escuchar la argumentación claramente en contra de Dios proveniente de sus profesores o elegir decir algo y ser humillada y ridiculizada por su profesor y sus compañeros de clase. En nuestra cultura actual, los cristianos están siendo estereotipados como personas de mente cerrada, homofóbicos, incultos, ignorantes, arrogantes o intolerantes. Los creyentes jóvenes generalmente experimentan esto en mayor grado que las generaciones antiguas. Etiquetar a todo un grupo de personas despectivamente es, sin duda, estereotipar, y es también la primera etapa de la persecución.

En una cultura enfocada en silenciar a los cristianos, los relatos incompletos o parciales de la historia y los eventos actuales, a menudo pintan a la Iglesia como el villano en las injusticias reales y dolorosas de nuestros días. Si bien la Iglesia está lejos de ser perfecta, y a menudo ha fracasado en la tarea dada por Dios de promover justicia, compasión y paz, gran parte de la historia permanece sin ser contada o se tuerce en representaciones creadas por una cultura impía. Los cristianos verdaderos siempre han sido intolerantes con la injusticia. Han liderado movimientos importantes para traer libertad, justicia y paz en cada etapa de la historia estadounidense y mundial. Lamentablemente, esta historia no se cuenta en una cultura que trabaja horas extra para eliminar la influencia de la fe en la sociedad. La historia revela que los movimientos exitosos hacia la libertad y la paz rara vez ocurren separadamente de la inspiración de la fe. La historia del cristianismo como es difundida actualmente representa un esfuerzo para desacreditar a los creyentes en lugar de retratar con precisión a la Iglesia y su papel importante en la sociedad. Esta marginación es la segunda etapa de la persecución.

En nuestra cultura ya existen otros aspectos de persecución. Las amenazas, intimidación y litigación en contra de los cristianos, algunas veces ponen sus empleos, puestos y negocios en gran peligro. Esta es una realidad que necesitamos reconocer mientras participamos obedientemente en nuestra cultura. El gueto cristiano del pasado trató de evitar esta persecución porque falló al no reconocer la bendición que viene con ella. En Mateo 5:11, Jesús dice: «Dichosos serán ustedes cuando por mi causa la gente los insulte, los persiga y levante contra ustedes toda clase de calumnias». Si nuestro viaje de fe nos lleva a través de la persecución, ¡nunca debemos olvidar la bendición que viene con ella!

Daniel y sus amigos sin duda encontraron persecución. Los compañeros babilonios de Daniel lo arrojaron a un foso de leones. Azarías, Ananías y Misael fueron enviados al horno de fuego. Las historias pasadas y presentes del cristianismo están llenas del sufrimiento fiel de nuestros hermanos y hermanas. En un artículo escrito para *Christianity Today* [Cristianismo Hoy], Everett Ferguson insiste que el cristianismo nunca ha perdido su espíritu mártir.[2] Explica que la persecución en realidad sirve para traer personas a Cristo. En los primeros siglos del cristianismo, las personas comenzaron a rechazar a sus dioses antiguos al ver las crueldades cometidas en sus nombres en contra de los creyentes en Cristo. El testimonio de los fieles los obligó a considerar las recompensas de la fe en Dios que eran preferibles a la vida misma. Podría decirse lo mismo de Daniel y sus amigos. ¿Se dirá lo mismo de nuestra generación?

A medida que encontramos estereotipos, marginación u otras formas de persecución en nuestra sociedad de hoy en día, nos debe animar la exhortación de Pedro: «Procuren llevar una vida ejemplar entre sus vecinos no creyentes. Así, por más que ellos los acusen de actuar mal, verán que ustedes tienen una conducta honorable y le darán honra a Dios cuando él juzgue al mundo».[3] Como Daniel y sus amigos lo descubrieron, la humildad, gentileza y fidelidad frente a la persecución traen gloria a Dios.

Reflexiones y aplicaciones

¿Has experimentado el gueto cristiano del pasado (aislamiento de la cultura)? ¿Cuáles fueron algunos de sus beneficios? ¿De sus peligros?

¿Has experimentado el gueto cristiano de hoy en día (aislamiento por la cultura)? ¿Qué formas de persecución has experimentado o presenciado? ¿Cómo has respondido? ¿Cómo piensas que Dios querrá que respondas en el futuro?

Notas

1   David Jeremiah, Is This the End? Signs of God's Providence in a Disturbing World [disponible como ¿Es este el fin?] (Nashville: W Publishing Group, 2016).
2   Everett Ferguson, "Persecution in the Early Church: Did You Know?" [La persecución en la iglesia primitiva: ¿Lo sabías?] Christianity Today, accedido el 28 de diciembre de 2017, http://www.christianitytoday.com/history/issues/issue-27/persecution-in-early-church-did-you-know.html.
3   1 Pedro 2:12 (NTV)

CAPITULO 12

Servir al rey

El corazón del líder se manifiesta a través de su servicio a los demás.
—Artika Tyner

¿Qué viene a tu mente cuando escuchas la palabra "humildad"? Yo tiendo a imaginar a alguien que es tímido, reservado o quieto. A menudo se confunde la humildad con baja confianza o autoestima, o con una negación a luchar por los derechos de uno mismo. A veces confundimos la humildad con debilidad o sumisión. Lamentablemente, este rasgo poderoso y esencial del liderazgo puede ser uno de los más malinterpretados y sin desarrollar en nuestras vidas. El pastor y maestro Stuart Scott llama a la humildad «la virtud en peligro de extinción», pero nos recuerda que en realidad es la «raíz de cada virtud».[1]

Entonces, ¿qué es la verdadera humildad? La humildad comienza con una profunda revelación de nuestra necesidad de Dios. Si no entendemos el pecado y el arrepentimiento, no podremos practicar la humildad verdadera. El primer paso necesario para perseguir la humildad es reconocer nuestro pecado y la gracia de Dios. ¡Esto requiere que vivamos bajo un entendimiento de lo que Dios ha hecho por nosotros y lo que está haciendo en nosotros! Tal revelación debe venir del Espíritu de verdad, porque no podemos comprenderla por nuestra propia cuenta. La verdad que el Espíritu Santo nos revela sobre nuestras vidas y la bondad de Dios sientan las bases para que se desarrolle la humildad pura en nuestros corazones.

En esencia, el tipo de humildad bíblica dependiente y obediente a Dios resulta en servicio a los demás. Cuando comprendemos la totalidad de nuestro pecado y nuestra fragilidad sin Dios, y la justicia, el propósito y amor que poseemos en él, estamos en posición para caminar en obediencia a él. Si somos conscientes de que solo a través de él somos justos y dignos, podremos combatir el orgullo a través de nuestra dependencia de él.[2] La verdadera humildad sigue siendo segura y fuerte porque descansa en el mayor de todos los poderes. Caminamos en seguridad porque servimos en el amor y la fuerza de Dios. Esta es una humildad poderosa, entregada y confiada. Esta es la humildad que vemos en el libro de Daniel.

La humildad de Daniel

Daniel no sufría de un falso sentido de humildad. No rechazó el reconocimiento o el ascenso. Tampoco negó los dones y atributos que Dios le había dado. De hecho, como lo registra Daniel 1:4, se colocó en la categoría de «jóvenes apuestos y sin ningún defecto físico, que tuvieran aptitudes para aprender de todo y que actuaran con sensatez; jóvenes sabios y aptos para el servicio en el palacio real». Él obviamente no sufría de baja autoestima.

Sin embargo, Daniel se nos presenta con un ejemplo increíble de humildad piadosa. El pastor y autor Stuart Scott explica, «Cuando alguien es humilde, se enfoca en Dios y en los demás, no en uno mismo […] no necesita ser reconocido o aprobado. No necesita elevarse a sí mismo, sabiendo que ha sido perdonado y que el amor de Dios ha sido puesto en él inmerecida e irrevocablemente. En cambio, el objetivo de una persona humilde es elevar a Dios y animar a los demás».[3] La humildad bíblica nos permite servir a los demás poniendo sus necesidades e intereses encima de los nuestros. El servicio de Daniel hacia varios reyes impíos modela este tipo de humildad.

El rey Nabucodonosor fue el primer rey al que sirvió Daniel. Este mismo hombre lo despojó de todo: nombre, familia, hogar y legado. El rey demostró ser despiadado en su trato con enemigos y amigos por igual. Incluso estaba dispuesto a matar a sus propios consejeros cuando no podían explicarle su sueño. Sin embargo, incluso cuando Daniel fue convocado para explicar el significado de un sueño, expresó su pesar por tener que contarle a Nabucodonosor las noticias inquietantes sobre su futuro. Daniel 4:19-20 dice: «Daniel, conocido también como Beltsasar, se quedó desconcertado por algún tiempo y aterrorizado por sus propios pensamientos; por eso el rey le dijo: "Beltsasar, no te dejes alarmar por este sueño y su significado". A esto Daniel respondió: "¡Ojalá que el sueño y su significado tengan que ver con los acérrimos enemigos de su majestad!"» Yo hubiera estado tentada a contestar, «Bueno, rey, ¡finalmente vas a obtener lo que mereces!».

Daniel no honró al rey Nabucodonosor porque lo mereciera. Por el contrario, sirvió al malvado gobernante con humildad, colocando la gloria de Dios y los intereses de los demás por encima de sí mismo. El pastor Larry Osborne explica, «La humildad bíblica no se limita a servir a aquellos que no merecen ser servidos. Va un paso más allá. Incluso sirve a los enemigos de Dios».[4] Tal humildad requiere una comprensión del poder redentor de Dios en nuestras propias vidas. No podemos servir humildemente a otras personas imperfectas que necesitan el amor y el perdón de Dios sin haberlo experimentado nosotros mismos.

La autoridad máxima

Para tener el tipo de humildad que la Biblia demanda, se requiere un acto de fe de nuestra parte. Debemos estar dispuestos a rendirnos a la autoridad máxima, el Dios que determina a todos los demás gobernantes, incluso cuando no comprendamos sus propósitos. El servicio humilde de Daniel al rey demuestra su completa dependencia de Dios. Instintivamente entendió la verdad de la que Pablo escribió en Romanos 13:1: «Todos deben someterse a las autoridades, pues no hay autoridad que Dios no haya puesto, así que las que existen fueron establecidas por él». Muchos líderes de hoy son corruptos, malvados e injustos. Esto no es nada nuevo. Pablo, así como Daniel, tenían conocimiento sobre líderes corruptos de primera mano. Nerón era emperador cuando Pablo escribió esas palabras en Romanos. Demostró ser tan malo y egoísta al igual que Nabucodonosor. Impuso una persecución increíblemente salvaje a la iglesia primitiva. Se requería de una gran fe para creer que había sido Dios mismo quién colocó a hombres como Nabucodonosor y Nerón en posiciones de autoridad. Sin embargo, Dios usó a ambos hombres mientras cumplía con sus propósitos en momentos críticos de la historia.

El pastor y autor Larry Osborne dice, «El respeto humilde de Daniel estaba ligado a su firme creencia de que Dios tiene control de quién tiene el control».[5] La humildad bíblica requiere una gran fe porque debemos confiar en Dios y comprometernos con su plan, no con nuestro propio plan, para nuestro momento en la historia. El estímulo de Pablo en Tito 3:1-2 es uno que debemos tomar en serio: «Recuérdales a todos que deben mostrarse obedientes y sumisos ante los gobernantes y las autoridades. Siempre deben estar dispuestos a hacer lo bueno: a no hablar mal de nadie, sino a buscar la paz y ser respetuosos, demostrando plena humildad en su trato con todo el mundo». La respuesta que se requiere de nosotros en las Escrituras permanece clara en contraste con la respuesta típica que damos a los líderes de nuestra cultura actual.

La humildad bíblica actual

Vivimos en un mundo cada vez más interconectado e interdependiente. La distancia de poder, las jerarquías y respeto por la autoridad están disminuyendo grandemente. El columnista sindicado internacionalmente, Moisés Naím, escribe, «En pocas palabras, el poder ya no tiene el efecto que tenía en el pasado. En el siglo XXI, el poder es más fácil de obtener, difícil de usar, y más fácil de perder».[6] Si bien la tecnología proporciona plataformas sorprendentes para crear conciencia sobre los problemas actuales, respondiendo a las necesidades reales y presentando diversos puntos de vista, también puede hacer que el liderazgo sea extremadamente difícil. Una imagen o rumor de un escándalo o una mal interpretación de la información por parte de un oponente puede paralizar los esfuerzos de las personas en autoridad. El nivel de escrutinio impuesto a los líderes de hoy no tiene precedentes. Esto hace que sea fácil ser crítico, incluso cruel hacia aquellos en posiciones de poder. Sin embargo, estas actitudes amenazan con socavar nuestra tarea piadosa de honrar y servir a aquellos que están en autoridad.

Vivimos en un mundo donde los niños pueden publicar sus opiniones para que todos puedan leerlas libremente como si fuesen especialistas experimentados. Pasamos mucho tiempo leyendo sobre las vacaciones de los demás, así como analizando los eventos internacionales importantes. Esta tendencia trae consigo nuevas dimensiones de igualdad porque nos da el mismo acceso a la información y habilidad para crear contenido. Hay muy pocos controles de acceso. En este entorno, permitimos que una imagen, cita u opinión moldeen nuestra perspectiva. Con demasiada frecuencia nos distraemos de lo importante por la atracción de lo trivial. A medida que administramos nuestro tiempo y desarrollamos perspectivas con respecto a las personas en autoridad, debemos ser diligentes en enfocarnos primero y ante todo en lo que Dios requiere de nosotros. Solo entonces podremos usar nuestro tiempo y acceso a la información sabiamente para ayudarnos a servir de manera más efectiva. Sobre todo, mientras practicamos la humildad al honrar a las autoridades que Dios coloca en nuestras vidas, comunidades y gobierno, debemos recordar la advertencia de Pablo: «No hablar mal de nadie, sino a buscar la paz y ser respetuosos».[7] La humildad ante Dios requiere que nos apartemos de las normas culturales y sociales que son críticas y destructivas. Esto exige un compromiso firme con un estilo de vida de dependencia de Dios y servicio a los demás, especialmente a aquellos que se encuentran en posiciones de autoridad sobre nosotros.

¿Cómo luce esto en situaciones en las que estamos trabajando con líderes tóxicos o individuos que están perjudicando a otros? Aquí es donde más urgentemente necesitamos comprometernos con las prácticas clave que vemos en la vida de Daniel. A medida que estudiamos la Palabra de Dios, consultamos con buenos compañeros y mentores, y practicamos las disciplinas de la oración y reflexión para entender nuestros propios corazones y nuestro contexto, encontraremos la sabiduría que necesitamos para cada caso específico. Hay momentos en los que podríamos ser llamados a desobedecer al rey, así como Daniel y sus amigos lo hicieron en ocasiones cuando se rehusaron a participar en prácticas impías. Cuando servimos con humildad, habrá momentos en que Dios nos usará para cambiar los corazones de los líderes. Vemos esto en Daniel 6 cuando el rey Darío emitió un decreto ordenando al pueblo que honrara al Dios de Daniel. En otras situaciones, Dios puede incluso estarnos llamando a abogar ante un rey malvado por el bien de aquellos que están siendo tratados injustamente. Encontramos un ejemplo de esto en Ester 7, cuando la reina Ester arriesgó su vida para suplicar por los judíos que estaban a punto de ser asesinados.

Larry Osborne resume nuestro desafío de manera muy conmovedora: «Si queremos influir significativamente en nuestra Babilonia moderna, tendremos que cambiar nuestras tácticas. En lugar de evitar o atacar a los líderes impíos de nuestros días, necesitamos comenzar a captar su atención de la misma manera como Daniel lo hizo, sirviendo humildemente a quien Dios elija colocar temporalmente en posiciones de autoridad».[8] De todas las personas, Daniel era quien tenía más razón para no respetar su autoridad, sin embargo, sirvió leal y humildemente mientras se ganaba el derecho a ser escuchado y respetado. Santiago 4:6 nos recuerda que «Dios se opone a los orgullosos, pero da gracia a los humildes». Daniel sirvió humildemente a los reyes que Dios colocó en su vida, y Dios honró a Daniel, mostrándole su increíble favor.

Reflexiones y aplicaciones

¿Qué entiendes por pecado y arrepentimiento? ¿Cómo defines humildad? ¿Cómo luce esto en tu vida actual? ¿Cómo te gustaría crecer en humildad piadosa?

¿Cuál es tu respuesta a los líderes impíos? ¿Cómo te está llamando Dios a servir a los "reyes" en tu vida?

Notas

1 Stuart Scott, From Pride to Humility: A Biblical Perspective [Del orgullo a la humildad: Una perspectiva bíblica] (Bemidji: Focus Publishing, 2002), 17.
2 2 Corintios 5:20-21
3 Stuart Scott, From Pride to Humility, 19.
4 Larry Osborne, Thriving in Babylon: Why Hope, Humility, and Wisdom Matter in a Godless Culture [Floreciendo en Babilonia: Por qué importan la esperanza, la humildad y la sabiduría en una cultura sin Dios] (Colorado Springs: David Cook, 2015), 150.
5 Larry Osborne, Thriving in Babylon, 156.
6 Moisés Naím, The End of Power: From Boardrooms to Battlefields and Churches to States, Why Being in Charge Isn't What It Used to Be, [disponible como El fin del poder: Empresas que se hunden, militares derrotados, papas que renuncian, y gobiernos impotentes: cómo el poder ya no es lo que era] (New York: Basic Books, 2013).
7 Tito 3:2
8 Larry Osborne, Thriving in Babylon, 151.

CAPITULO 13

Vivir una vida digna de confianza

Era fiel, siempre responsable y totalmente digno de confianza.
—Daniel 6:4

Trabajé en el campus de una universidad cristiana durante ocho años. Una de mis funciones era supervisar nuestro programa de liderazgo estudiantil. Me encantó experimentar la vida con los líderes jóvenes preparándose para servir en el ministerio, en los negocios y en la educación. Un año, después de las vacaciones de primavera, descubrí que una estudiante líder con quien yo había servido durante tres años había tomado decisiones muy malas e inusuales durante un viaje con sus amigos. La naturaleza de esas decisiones amenazaba su posición de liderazgo y su graduación. Le pedí que escribiera las razones que la llevaron a tomar aquellas decisiones y que después viniera a hablar conmigo. Cuando entró en mi oficina, las lágrimas comenzaron a correr por su rostro. «¡No sé por qué tomé esas decisiones! Solo me dejé llevar por lo que los demás a mi alrededor hacían». Luego hizo una pausa, y con gran angustia agregó: «¡No sé por qué tomo ninguna de mis decisiones!».

Esta revelación proporcionó una profunda visión para esa joven líder. Si no entendemos cómo y por qué tomamos decisiones, es imposible vivir una vida digna de confianza y piadosa. Nuestras elecciones continuarán siendo aleatorias e impredecibles. Quienes trabajan con nosotros tendrán dificultad para depender de nosotros o saber cómo responderemos ante una situación. Nuestras vidas carecerán de la integridad necesaria para permanecer fieles a Dios y a sus propósitos en medio de las intensas distracciones y presiones del mundo.

Una vida digna de confianza

En Daniel 6, leemos sobre los compañeros envidiosos de Daniel a su alrededor. Dios lo había bendecido y dado el favor del rey de una manera asombrosa.

«Daniel, lleno de espíritu e inteligencia, superó por completo a los otros representantes y gobernadores que el rey decidió ponerlo a cargo de todo el reino», (v. 3, *The Message*) [El Mensaje]. No todos estuvieron felices por su rápido ascenso al poder e influencia, así que algunos de sus colegas decidieron deshacerse de él. Buscaron cualquier falta en su comportamiento o en su trabajo que pudieran usar en su contra. Sin embargo, el servicio de Daniel fue tan íntegro que sus enemigos no pudieron encontrar nada en su vida para criticarlo o condenarlo. Daniel 6:4-5 nos dice: «Los representantes y los gobernadores se reunieron para encontrar algún escándalo antiguo o corrupción en la vida de Daniel que pudieran usar en su contra, pero no pudieron encontrar nada, porque era totalmente ejemplar y digno de confianza. No pudieron encontrar ninguna evidencia de negligencia o mala conducta». Estoy convencida de que Daniel se habría podido mantener en pie incluso bajo el intenso escrutinio con el que se somete a los líderes de hoy en día.

Daniel ascendió al poder porque permanecía fiel a Dios y Dios lo bendijo. Arraigó su vida en los principios piadosos y sirvió con humildad y entendimiento. El rey sabía que podía confiar en él para constantemente hacer lo correcto buscando el mejor interés del reino. Es fácil entender por qué Nabucodonosor lo ascendió. Cada compañía, organización y ministerio con los que he trabajado espera poder encontrar este tipo de líder en la actualidad.

Dios nos llama a vivir vidas dignas de confianza. En 1 Pedro 2:12-14, el apóstol nos anima a vivir como Daniel: «Procuren llevar una vida ejemplar entre sus vecinos no creyentes. Así, por más que ellos los acusen de actuar mal, verán que ustedes tienen una conducta honorable y le darán honra a Dios cuando él juzgue al mundo» (NTV). Una vida digna de confianza debe ser un ejemplo de integridad. Entonces, ¿qué es la integridad?

Vivir con integridad

La integridad es un gran concepto, pero a veces muy difícil de comprender en su totalidad. El diccionario Merriam-Webster la define como una «firme adherencia a un código de valores especialmente morales o artísticos». En otras palabras, describe a alguien que sigue fielmente un código o principios morales establecidos. El diccionario Collins define a una persona de integridad como alguien que es honesto y firme en sus principios morales. Como sabemos por nuestra discusión anterior, las bases morales de nuestra cultura están siendo sacudidas. En una cultura que dice que la moralidad está basada en lo que se siente bien, ahí puede haber muy poca integridad. No sé tú, pero mis sentimientos son un poco impredecibles. ¡Lo que se siente bien en un momento puede cambiar dependiendo si me he tomado mi café o si alguien me miró con una mala cara!

Si queremos vivir una vida de integridad, simplemente debemos tener un código moral y principios que estén basados en algo más que nuestros sentimientos o lo que las personas a nuestro alrededor están diciendo o haciendo. El filósofo y teólogo Francis Schaeffer explica que el curso de la historia y la cultura está arraigado en los pensamientos de las personas. La vida interior de la mente con sus perspectivas y su visión del mundo determina nuestras acciones y sistemas de valores.[1] La integridad y la confiabilidad provienen de nuestro interior en forma de nuestros pensamientos, nuestras creencias y nuestra visión del mundo. Seguir fielmente nuestras creencias resulta en confiabilidad e integridad. No debemos ser reaccionarios en nuestra respuesta al mundo que nos rodea. La integridad requiere que hagamos el trabajo pesado de determinar primeramente lo que creemos antes de que podamos ser intencionales en cómo vivimos esas creencias.

El autor y orador Donald Miller escribió un blog titulado: «Una definición de integridad que cambiará tu forma de vivir».[2] En esa publicación, anima a los lectores a desarrollar una definición personal de integridad. Comparte su propia definición haciendo una lista de cosas que reflejan la integridad en su vida. Aquí está un ejemplo de algunos de los elementos de su lista.

Donald es íntegro cuando:

- Permanece en la autoridad que Dios le ha dado
- Contribuye consistentemente de manera positiva en el mundo
- Permite que Dios y otras personas de confianza corrijan su camino
- Sigue las tareas acordadas
- Reconoce a Dios como su líder y a Jesús como su amigo
- Siempre mantiene al amor como el centro de sus interacciones con los demás
- No adopta la mentalidad de víctima, sino que se responsabiliza de lo que se puede hacer
- Es fiel a Betsy, su esposa
- Es leal a su vocación creativa[3]

La integridad puede ser difícil de definir y de practicar. Identificar nuestras creencias y ponerlas en práctica nos ayudará a vivir fielmente de acuerdo a un código moral bíblico en lugar de simplemente responder a nuestras emociones, a las personas o circunstancias.

Integridad bajo presión

Si Daniel hubiera escrito una definición personal de integridad para su vida, me imagino que se habría visto algo parecido a esto.

Daniel es íntegro cuando:

- Adora al único y verdadero Dios
- Sirve a las autoridades que Dios ha colocado en posiciones de poder
- Pone los intereses de los demás primero
- Obedece la ley de Dios
- Honra a sus amigos
- Busca entender y seguir los propósitos de Dios
- Ora fielmente

Una vida de integridad rara vez es fácil. De hecho, la integridad a menudo es probada cuando la vida se vuelve difícil. En Daniel 6, los enemigos del profeta buscaron usar sus creencias y disciplinas más valiosas en su contra. Los compañeros de Daniel se dieron cuenta de que «nunca encontraremos nada de que acusar a Daniel, a no ser algo relacionado con la ley de su Dios». (v. 5). Daniel fue tan fiel en su vida de oración que sus enemigos sabían que no dejaría de orar incluso si el rey lo ordenaba. Él permaneció fiel a su definición personal de integridad hasta el punto de la muerte. Estaba dispuesto a enfrentar un foso de leones en lugar de desviarse de sus creencias. Esas creencias fueron la base de su fiabilidad e integridad.

¿Por qué cosa estamos dispuestos a morir? La respuesta a esta pregunta nos ayuda a determinar lo que creemos que es importante y por qué podemos vivir de manera digna de confianza. Para muchos de nosotros, esto es algo en lo que aún estamos trabajando. Debemos priorizar este proceso en nuestras vidas. Requerirá de mucha oración y autoanálisis, así como de conversaciones con amigos fiables o mentores. A medida que determinamos lo que creemos y comenzamos a vivir según esas creencias, ¡nuestras acciones se volverán confiables y poderosas!

Reflexiones y aplicaciones

¿Cómo tomas tus decisiones? ¿Qué determina tus elecciones diarias?

¿Cómo luce la integridad en tu vida? Haz una lista práctica. Considera ponerla en un lugar visible donde puedas revisarla regularmente.

Notas

1 Francis A. Schaeffer, How Then Should We Live? The Rise and Decline of Western Thought and Culture [disponible como ¿Cómo debemos vivir entonces? Auge y declinación del pensamiento y la cultura occidental] (Old Tappan: Fleming H. Revell Company, 1976), 20.
2 Donald Miller, "A Definition of Integrity That Will Change the Way You Live" [Una definición de la integridad que cambiará la forma en que vives], accedido el 1 de febrero, 2018, http://storylineblog.com/2013/06/24/a-working-tangible-definition-of-integrity/.
3 Donald Miller, "A Definition of Integrity".

CAPITULO 14

Buscar entendimiento

*La vida solo se puede entender hacia atrás;
pero debe vivirse hacia adelante.*
—Soren Kierkegaard

Cuando era una adolescente, uno de mis libros favoritos de la Biblia era Proverbios que fue escrito en gran parte por el sabio Rey Salomón. 1 de Reyes 4:29-30 nos dice: «Dios le dio a Salomón sabiduría e inteligencia extraordinarias; sus conocimientos eran tan vastos como la arena que está a la orilla del mar. Sobrepasó en sabiduría a todos los sabios del Oriente y de Egipto». Es probable que Salomón escribiera las palabras de Proverbios para sus hijos y para otros jóvenes en Israel. Muchas veces me he imaginado a mí misma sentada a los pies de Salomón absorbiendo las grandes enseñanzas que trató de transmitir a los líderes jóvenes de sus días.

El tema inminente del Libro de los Proverbios influyó mucho en mis oraciones y en mis actividades como líder en desarrollo. Proverbios 4:5-7 resume el mensaje apasionado que Salomón trató de comunicar: «Adquiere sabiduría, adquiere inteligencia; no olvides ninguna de mis palabras ni te apartes de ellas. No abandones nunca a la sabiduría, y ella te protegerá; ámala, y ella te cuidará. La sabiduría es lo primero. ¡Adquiere sabiduría! Pero sobre todas las cosas, adquiere discernimiento».

¿Qué vale más que todo lo que tenemos? Salomón afirma que la sabiduría y el entendimiento. Insiste en que estos dos son más valiosos que el oro y los rubíes. Cuando era adolescente, comencé a orar constantemente pidiendo sabiduría. La busqué. Cuando asumí varios cargos de liderazgo como estudiante universitaria y adulta joven, el valor de la sabiduría y el entendimiento se hicieron evidentes para mí. Incluso después de décadas de servicio en varios puestos de liderazgo, continúo atesorando la búsqueda de la sabiduría por encima de todas las demás cualidades de liderazgo. Una de mis oraciones diarias hoy en día es que Dios les dé a mis propios hijos su sabiduría y entendimiento, y que ellos también la deseen y la busquen con todos sus corazones.

La búsqueda de la sabiduría

El diccionario Merriam-Webster define sabiduría como la «capacidad de discernir las cualidades y las relaciones internas, o buen juicio». De acuerdo con el diccionario Collins es: «la capacidad de usar tu experiencia y conocimiento para tomar decisiones o juicios razonables».

Es claro por qué los líderes necesitan sabiduría. En Proverbios 9:10, descubrimos la fuente de la sabiduría bíblica: «El comienzo de la sabiduría es el temor del Señor; conocer al Santo es tener discernimiento». Temor en este caso significa honrar o venerar por encima de todo lo demás. La sabiduría se obtiene cuando amamos a Dios tan intensamente y entendemos su carácter santo tan profundamente que tememos desobedecer o ignorar sus mandamientos y sus principios. La obediencia y la sumisión a Dios nos impulsan a actuar sabiamente. Entonces, ¿cómo desarrollamos de manera práctica la sabiduría piadosa?

Pide sabiduría

Lo primero que debemos hacer en nuestra búsqueda de la sabiduría es pedirla. Santiago 1:5 nos dice: «Si a alguno de ustedes le falta sabiduría, pídasela a Dios, y él se la dará, pues Dios da a todos generosamente sin menospreciar a nadie». Esto puede parecer simple, pero es de suma importancia. Mateo 7:7 nos recuerda: «Pidan, y se les dará; busquen, y encontrarán; llamen, y se les abrirá. Porque todo el que pide, recibe; el que busca, encuentra; y al que llama, se le abre». Salomón muestra pasión e intensidad al buscar el entendimiento divino. En Proverbios 2:3-5 explica: «Si llamas a la inteligencia y pides discernimiento; si la buscas como a la plata, como a un tesoro escondido, entonces comprenderás el temor del Señor y hallarás el conocimiento de Dios». Un buen juicio basado en un temor de Dios saludable es importante para los líderes piadosos que sirven en una cultura impía. ¡Vale la pena «clamar por ella en voz alta!».

Escucha la sabiduría

Me encanta el cuadro de la sabiduría que Salomón pinta para nosotros en Proverbios 1:20-23: «Clama la sabiduría en las calles; en los lugares públicos levanta su voz. Clama en las esquinas de calles transitadas; a la entrada de la ciudad razona: "¿Hasta cuándo, muchachos inexpertos, seguirán aferrados a su inexperiencia? ¿Hasta cuándo, ustedes los insolentes, se complacerán en su insolencia? ¿Hasta cuándo, ustedes los necios, aborrecerán el conocimiento? Respondan a mis represiones, y yo les abriré mi corazón; les daré a conocer mis pensamientos"». Puedo imaginar la frustración de la sabiduría mientras está parada en el muro, observando cómo el simple y el necio ignoran su enseñanza. Ese cuadro es motivador para mí. ¡Me hace querer vivir y liderar de tal manera que la sabiduría me sonría! ¡Quiero absorber los pensamientos y las enseñanzas de la sabiduría piadosa! ¿Cómo puedo hacerlo?

A menudo, Dios contesta mis oraciones pidiendo sabiduría a través de las disciplinas de oración, silencio y reflexión que discutimos anteriormente. En momentos de estrés u ocupación, he tomado muchas decisiones imprudentes basada en mis emociones fuertes o en respuesta a la presión y perspectiva de los demás. Las decisiones por las cuales oro, reflexiono y determino en base a las Escrituras, demuestran ser creativas, productivas y vivificantes. Las decisiones tomadas mientras escucho la sabiduría me liberan de cualquier culpa, preocupación o temor. Ellas me permiten continuar con confianza, sabiendo que fueron tomadas en oración reflexiva.

Busca la sabiduría

Otra forma en la que Dios contesta mi oración pidiendo sabiduría es a través de mis interacciones con aquellos que poseen más conocimiento o experiencia que yo. He descubierto que la diversidad en las relaciones es muy valiosa. Quienes son mayores que yo, me proporcionan una perspectiva, ideas y sabiduría de su gran experiencia y sus años de servicio. Quienes son más jóvenes que yo, me proporcionan una comprensión de la cultura y una perspectiva de los desafíos que ya no enfrento. Es extremadamente favorable para mí entablar conversaciones con aquellos cuyas perspectivas difieren de mis propias perspectivas. Si bien no siempre estoy de acuerdo con lo que dicen, obtengo una mayor comprensión al escuchar sus puntos de vista. Una de mis formas preferidas para buscar entendimiento es leer sobre los hombres y mujeres de fe e influencia a lo largo de la historia. Es asombroso ver cómo las voces de personas que vivieron siglos atrás se extienden y proporcionan una visión a mi vida hoy.

El entendimiento de Daniel

En Daniel 9:2-3, leemos sobre cómo el profeta buscó entendimiento.

> Corría el primer año del reinado de Darío hijo de Asuero, un medo que llegó a ser rey de los babilonios, cuando yo, Daniel, logré entender ese pasaje de las Escrituras donde el Señor le comunicó al profeta Jeremías que la desolación de Jerusalén duraría setenta años. Entonces me puse a orar y a dirigir mis súplicas al Señor mi Dios. Además de orar, ayuné y me vestí de luto y me senté sobre cenizas.

Daniel no era simplemente un líder que servía al rey de Babilonia. También era un líder espiritual buscando la voluntad de Dios para su pueblo. En el pasaje, lo encontramos buscando el propósito de Dios para aquellos que vivían en el exilio.

Babilonia cayó ante los Medos y los Persas en el año 539 a.C. Durante ese tiempo, Darío se convirtió en rey. El primer año de su reinado fue aproximadamente 66 años después de la llegada de Daniel a Babilonia, cuando ya no era un joven. De hecho, como vemos en Daniel 9, probablemente tenía ya cerca de 80 años. Sin embargo, incluso en esta época madura de su vida, siguió buscando entendimiento. Leyó las palabras de Jeremías, el profeta que advirtió a Judá que debía arrepentirse. El desprecio del pueblo por las advertencias de Dios pronunciadas a través de Jeremías resultó en el exilio en Babilonia. Décadas después, encontramos a Daniel leyendo las palabras de este hombre de Dios, quien para ese tiempo ya había muerto años atrás.

Hay un par de cosas que me sorprenden del pasaje de Daniel 9. La primera es que nunca deberíamos dejar de buscar entendimiento. Si Daniel continuó aprendiendo a la edad de 80 años, también deberíamos hacerlo nosotros. La segunda es que él nunca dejó de liderar. Incluso en esta etapa avanzada de su vida, oró y creyó que la voluntad de Dios se cumpliría en la vida de su pueblo. Daniel 9-10 revela que su liderazgo espiritual continuó por medio de su intercesión por el pueblo de Dios. Me intriga el impacto duradero de la vida piadosa de Jeremías. Creo que hay muchos líderes experimentados entre nosotros que podrían desempeñar bien el papel de Jeremías en la vida de la siguiente generación. Su servicio fiel a Dios en una temporada de turbulencia y transición dejarán un legado de verdad que los Danieles de la siguiente generación encontrarán alentador y muy necesario en los días por venir.

En la siguiente sección de este libro, veremos algunos de los cambios más amplios que están ocurriendo en el liderazgo de la actualidad a medida que navegamos por un cambio cultural significativo. Sin embargo, para liderar efectivamente en este contexto, necesitamos poner en práctica las disciplinas cruciales de la vida de Daniel. En un esfuerzo por entender la cultura que nos rodea, debemos seguir valorando a los compañeros piadosos, conocer y comprender la Palabra de Dios, practicar las disciplinas piadosas y equiparnos para vivir vidas dignas de confianza con la sabiduría divina. ¡Creo que Dios está colocando un remanente de líderes piadosos en esta época, quienes experimentarán su poder y su gloria de formas milagrosas! ¿Estás listo para ser parte de su remanente?

Reflexiones y aplicaciones

¿Cómo buscas la sabiduría en tu vida? ¿Qué prácticas o relaciones ha usado Dios para darte una visión y comprensión piadosa?

¿Cómo quieres seguir creciendo en sabiduría y entendimiento bíblicos? ¿Qué puedes hacer de manera práctica para lograrlo?

PARTE III

Perspectivas de liderazgo

CAPITULO 15

Liderazgo redefinido

Aunque intuitivamente sabemos que el mundo ha cambiado, la mayoría de los líderes reflejan un modelo y un proceso de desarrollo de líderes que están sumamente desactualizados.
—General Stanley McChrystal

Mis primeros recuerdos son de la vida en la granja familiar. De niña, me encantaba alimentar a los becerritos con grandes biberones de leche, y jugar en el cálido establo, de olor dulce, mientras papá alimentaba a las vacas. Mis hermanos y yo imaginábamos grandes aventuras mientras jugábamos en el granero y saltábamos en las rocas del arroyo detrás de nuestra casa. ¡Lo mejor de todo, sin duda, eran los viajes en tractor con papá o el abuelo! Era emocionante estar en esa gran máquina viéndola hacer su trabajo en los campos.

Mis dos abuelos eran granjeros. Mi papá fue granjero hasta que tuve siete años, cuando Dios llamó a nuestra familia al campo misionero. De niña, tuve el privilegio de experimentar el ritmo de vida en una granja. En primavera, recogíamos piedras y preparábamos los campos para la siembra. En verano, rociábamos y fertilizábamos los sembradíos para matar los insectos y la maleza que amenazaban su crecimiento. Los días de verano eran largos y ocupados mientras cosechábamos los cultivos, pero siempre dejábamos que el suelo descansara durante el invierno como preparación para la siembra de primavera. Cada estación tenía un propósito que requería diferentes tareas y herramientas. Si se usara el arado en verano, destruiría las plantas que estaban creciendo. Si se rociara el fertilizante en invierno, no habría cultivos que se beneficiaran de él.

Las estaciones cambiantes en la granja me recuerdan a las diferentes eras en la cultura. Cada una de ellas tiene un propósito y requiere de diferentes enfoques y herramientas. Cuando hablamos sobre las nuevas estrategias de liderazgo, los líderes experimentados a veces pueden sentirse desanimados. Es fácil suponer que necesitamos nuevos métodos porque los antiguos fueron incorrectos o ineficaces. Sin embargo, a menudo es todo lo opuesto. Una nueva época con nuevas necesidades puede mostrar el trabajo efectivo que se realizó en las épocas pasadas. Cuando una cosechadora entra al campo para recolectar un cultivo abundante, significa que el arado hizo bien su trabajo en la primavera y que el rociador fue efectivo en el verano. Un buen cultivo demuestra que en las temporadas previas se usaron las herramientas y estrategias correctas. A medida que entramos en una nueva época en la historia, podemos ver la efectividad de muchos métodos de liderazgo previos, aun cuando consideramos qué nuevos modelos y métodos de liderazgo traerán mayores beneficios en el futuro.

Liderar en medio del cambio cultural

En capítulos anteriores, examinamos las prácticas fundamentales para los líderes piadosos que viven en una cultura impía. En estos últimos capítulos, consideraremos los cambios necesarios en las filosofías y los métodos de liderazgo para una época emergente.

El liderazgo en la era moderna tenía profundas raíces en la Revolución Industrial con su enfoque en la eficiencia, la productividad y los entornos de manufactura. En este contexto, la administración de estilo directivo de arriba hacia abajo parecía efectiva. Los líderes eran vistos como la fuente de todo conocimiento y dirección. El éxito de una organización o de un equipo a menudo dependía del carisma, la aptitud y las habilidades del líder. El papel del líder era fundamental.

A medida que navegamos en el terremoto cultural que tiene lugar hoy en día, muchas cosas están cambiando con respecto a lo que esperamos y necesitamos de los líderes. La cantidad de información disponible, la velocidad de la comunicación y la globalización en nuestra sociedad hacen que sea imposible para cualquier persona ser la fuente de todos los conocimientos que se requieren para un contexto específico. El general Stanley McChrystal explica: «El heroico líder "práctico" cuya competencia personal y fuerza de voluntad dominó los campos de batalla y las salas de junta durante generaciones, se ha visto abrumado por la velocidad acelerada, la complejidad creciente y la interdependencia». [1] Agrega: «El mundo rápidamente cambiante de hoy [...] implica que las organizaciones de todo el mundo ahora enfrentan desafíos desconcertantes [...] estos problemas se pueden resolver únicamente creando una adaptabilidad organizacional sostenida mediante el establecimiento de un equipo de equipos».[2]

En medio de un cambio dramático, la adaptabilidad debe reemplazar la eficiencia como prioridad. Como líderes, no podemos ser la fuente de todo conocimiento. Más bien, debemos facilitar la reunión de aquellos que pueden brindar una variedad de perspectivas y especialidades. Hoy en día, el liderazgo requiere que equipemos, facultemos y deleguemos tareas a otros para poder navegar juntos en el terreno cambiante. Como McChrystal dice: «La tentación de liderar como un experto de ajedrez, controlando cada movimiento de la organización, debe dar paso a un enfoque como jardinero, capacitando en lugar de dirigir».[3]

La metáfora del líder como jardinero es una muy poderosa. Un jardinero no hace que crezcan los cultivos, sino que proporciona los recursos y el entorno que las plantas necesitan para crecer. Esto requiere que el jardinero conozca las plantas y lo que necesitan para desarrollarse: el tipo de suelo, la cantidad de luz solar y de agua. En lugar de enfocarse principalmente en el proceso o el producto como en el pasado, los líderes de ahora deben enfocarse principalmente en las personas, capacitándolas para completar el proceso o crear el producto. Las personas capacitadas y los equipos se adaptan más rápido a los cambios que suceden al encontrar nuevas formas para seguir adelante cuando los procesos antiguos se vuelven inefectivos. Esta adaptabilidad permite a los equipos y organizaciones sobrevivir y desarrollarse incluso durante tiempos de grandes cambios. Sin embargo, este estilo de liderazgo requiere una perspectiva completamente diferente a la que muchos líderes aprendieron en el pasado. En la Lista de recursos que se encuentra al final del libro, he incluido algunos de mis materiales favoritos sobre el desarrollo de liderazgo adaptable y entornos de equipos saludables para aquellos que deseen desarrollar aún más esas habilidades.

Liderazgo bíblico en medio del cambio

Los cambios culturales brindan oportunidades emocionantes para examinar los métodos y las motivaciones actuales. Las estructuras de liderazgo dentro de la Iglesia actual a menudo reflejan los modelos empresariales efectivos, en lugar de aquellos basados en los principios espirituales. Por ejemplo, los puestos de pastor asociado, pastor ejecutivo y pastor principal se parecen mucho a sus equivalentes en la América corporativa. Esto no es necesariamente malo. La cultura orientará naturalmente la manera en la que practicamos nuestra fe. Esto es verdad en todo el mundo. Los cambios culturales nos obligan a revisar los fundamentos bíblicos que determinan quiénes somos, qué estamos destinados a hacer y por qué estamos destinados a hacerlo. En otras palabras, a medida que la cultura cambia, no debemos observar las normas culturales, sino restablecer las normas bíblicas. Cuando lo hacemos, es posible experimentar movimientos espirituales poderosos en épocas de cambios culturales. Vemos pruebas de esto en la Reforma Protestante que tuvo lugar durante el Renacimiento. También vemos esto en el Gran Despertar que ocurrió durante la Ilustración y la Revolución Industrial. Considero que también deberíamos esperar ver a Dios moverse de manera poderosa en nuestra época de cambio cultural.

La iglesia primitiva revelada en el Nuevo Testamento nos brinda un ejemplo convincente de liderazgo bíblico en épocas de cambios. ¡Y vaya que se dio un cambio cultural! El mensaje de la muerte y la resurrección de Jesús derrocaron efectivamente siglos de tradición judía. El crecimiento resultante provocó una gran conmoción, pero no estuvo exento de desafíos. Los apóstoles definitivamente estaban muy ocupados dando ánimo, corrección y guía a los creyentes y a los líderes jóvenes. Su dirección de la iglesia primitiva nos proporciona una directriz esencial al día de hoy.

En sus cartas a las iglesias de Corinto y Roma, Pablo usa la metáfora de un cuerpo para explicar cómo cada creyente tiene un papel único y especial en la obra de Dios.[4] Ninguna parte es más importante que las demás, y todas ellas son necesarias para el buen funcionamiento del cuerpo. Como líderes, necesitamos comenzar conociendo y entendiendo nuestros dones y la función que tienen en el cuerpo de Cristo. Esto va más allá de tener un título o una posición particular en una organización o iglesia. Debemos desarrollar y después crecer en nuestros dones, usándolos fielmente como Dios nos manda. El primer paso es entender qué dones nos ha dado Dios. Los mentores, los entrenadores de liderazgo, los test de dones espirituales y la experiencia práctica nos pueden ayudar a identificar y entender nuestros dones.

Así como un jardinero debe brindar los recursos y el ambiente para el crecimiento de cada planta, los líderes piadosos deben equipar y capacitar a otros para usar sus dones únicos efectivamente. La Lista de recursos incluye información sobre el modelo de grupos pequeños IPSAT [Herramienta de Autoconocimiento del Perfil de Identidad] como un ejemplo de una herramienta que puede usarse para ayudar a los líderes a lograr esto. El contexto cultural actual requiere que cada creyente esté bien equipado y capacitado para el ministerio. En el pasado, esperábamos que las personas vinieran a la iglesia, donde ministraban aquellos con funciones pastorales vocacionales. Sin embargo, la asistencia a la iglesia ya no es como solía ser. Como resultado, el ministerio debe moverse más allá de las formas pasadas de vocación ministerial de las iglesias y las organizaciones basadas en la fe. Lo que se necesita es un ministerio activo de todos los creyentes, hombres y mujeres ungidos, equipados y dedicados a servir a Dios donde sea que vivan y trabajen. ¡No puedo evitar emocionarme porque esto ilustra el amor y la presencia de Dios extendiéndose más allá de los muros de la iglesia hacia todo el mundo a nuestro alrededor!

En la iglesia primitiva, Dios permitió que la persecución obligara a sus seguidores a salir de sus hogares para llevar el mensaje de Jesús a lugares muy lejanos. De manera similar, la crisis actual de las bancas vacías presenta una oportunidad para que el cuerpo de Cristo transporte la verdad y el poder del amor de Dios a cada organización y lugar de negocios. La época para los expertos en el ministerio carismático y heroico quedó en el pasado. En su lugar, necesitamos nuevos jardineros ministeriales. En otras palabras, en lugar de líderes que simplemente mueven a las personas de aquí para allá, necesitamos a aquellos que equiparán y animarán a otros creyentes a unirse a ellos en el trabajo de preparar los campos, nutrir el nuevo crecimiento y recoger la cosecha de las almas.

La oración y el ayuno

En 2012, obtuve un doctorado en liderazgo y por muchos años he enseñado seminarios y cursos de liderazgo en contextos basados en la fe. Creo firmemente que se puede aprender de los demás, adoptar mejores prácticas y tener una visión y estrategia. Sin embargo, me sorprende que como líderes seamos tentados a poner nuestra fe en procesos y estructuras humanas. Observemos los modelos de contratación y selección practicados por los líderes en el Nuevo Testamento.

> En la iglesia de Antioquía eran profetas y maestros: Bernabé; Simeón, apodado el Negro; Lucio de Cirene; Manaén, que se había criado con Herodes el tetrarca; y Saulo. Mientras ayunaban y participaban en el culto al Señor, el Espíritu Santo dijo: «Apártenme ahora a Bernabé y a Saulo para

el trabajo al que los he llamado». Así que después de ayunar, orar e imponerles las manos, los despidieron. Hechos 13:1-3

Primero, sus roles fueron identificados como profetas y maestros. ¡En esencia, sus puestos estaban definidos por sus dones ministeriales! Después, se reunieron para adorar y ayunar en lugar de realizar una junta de comisiones ministeriales. Fue en este contexto que Dios reveló su propósito para Bernabé y para Saulo. Aquí no vemos un largo proceso de selección. Dios habló y ellos escucharon, obedecieron y continuaron en ayuno y oración.

Si bien no estoy abogando para que eliminemos todos nuestros procesos y sistemas actuales, considero que esta época de incertidumbre y cambio requiere que adoremos, oremos y ayunemos más y nos aferremos menos a los procesos que pueden no ser tan efectivos como alguna vez lo fueron. En Hechos 14:23, somos testigos una vez más de la importancia de la oración y del ayuno. Aquí, Pablo y Bernabé nombran a los ancianos para las nuevas iglesias que estaban guiando. «En cada iglesia nombraron ancianos y, con oración y ayuno, los encomendaron al Señor, en quién habían creído». Estos líderes del Nuevo Testamento buscaron la dirección del Señor, hicieron lo que él les señaló y confiaron el trabajo en sus manos. En aquellos primeros días de la Iglesia, ellos confiaban mucho más en la dirección del Espíritu Santo que en los procesos firmemente establecidos, en las largas juntas de comisiones ministeriales y consenso a través de las votaciones.

Creo que Dios puede usar esta época actual de conmoción y cambios para traernos de vuelta a una profunda dependencia del Espíritu Santo. ¡La promesa de Jesús en Juan 15 resuena fuertemente a través de los siglos y nos brinda una abundante esperanza hoy! A medida que enfrentamos los desafíos de nuestros días, Jesús nos promete un Ayudador que nos guíe en todas las decisiones y que camine a nuestro lado mientras crecemos en el uso de los dones que otorga a nuestras vidas. Cuando confiamos en la revelación de su verdad, ¡podemos esperar ver a Dios moverse de manera poderosa! Esta época de conmoción revelará la gloria del reino inconmovible de Dios al cual pertenecemos.

Reflexiones y aplicaciones

¿Cuál es mi estilo natural de liderazgo? ¿Es mi liderazgo como un experto en el ministerio o como un jardinero? ¿Qué ha contribuido a mi estilo de liderazgo? ¿Cómo puedo crecer como líder en esta época?

¿Cuáles son mis dones ministeriales / espirituales? ¿Cómo estoy usándolos actualmente? ¿Cómo puedo ayudar a otros a desarrollar sus dones?

Notas

1 Stanley McChrystal, Team of Teams: New Rules of Engagement for a Complex World [Equipo de equipos: Nuevas reglas de participación para un mundo complejo] (New York: Penguin Publishing Group, 2015), 231.
2 Stanley McChrystal, Team of Teams, 128.
3 Stanley McChrystal, Team of Teams, 225.
4 Romanos 12, I Corintios 1

CAPITULO 16

Un tiempo de conmoción

Ya que estamos recibiendo un reino inconmovible, seamos agradecidos.
—Hebreos 12:28 NTV

Durante casi una década trabajé en el departamento de desarrollo estudiantil en una universidad cristiana ¡y me encantó! Los años universitarios son muy decisivos en la formación de la identidad, la visión del mundo y los valores. Muchos estudiantes que llegan al campus provienen de un entorno un tanto cerrado. Las creencias y los puntos de vista de sus padres, maestros, iglesias y redes sociales forman sus perspectivas y a menudo limitan su comprensión del mundo. La universidad brinda a los estudiantes la oportunidad de interactuar con personas de diferentes lugares, de trasfondos distintos y con visiones del mundo diferentes. A medida que su comprensión del mundo se expande, pueden estar obligados a luchar con preguntas respecto a lo que ellos creen y por qué lo creen. Este proceso será increíblemente poderoso si lo recorrieron con el apoyo de sus padres, buenos amigos y consejeros sabios. Los estudiantes aprenden a identificar los valores y los puntos de vista de sus familias de origen, así como lo que se les enseñó en su educación inicial en lo relacionado con el resto del mundo. El resultado de esto es una visión del mundo que ha sido probada y definida, una que los guiará más efectivamente a medida que se acercan a la edad adulta.

Durante los cambios culturales, todos nosotros experimentamos los mismos elementos que experimentan los estudiantes universitarios mientras nuestra visión del mundo se ve desafiada por las nuevas opiniones. El resultado puede ser desconcertante para nosotros, a medida que las perspectivas y los procesos que hemos seguido por largo período se enfrentan al escrutinio. Las perspectivas de aquellos, basados en los puntos de vista modernos a veces chocan con las nuevas tendencias. Sin embargo, este choque presenta una oportunidad valiosa para luchar y pesar la validez, la efectividad y la veracidad de diferentes perspectivas. Nos permite identificar cuáles de nuestros valores son bíblicos y cuáles son meramente culturales. A medida que lo hacemos, puede surgir un compromiso renovado hacia los principios bíblicos. Yo llamo a esto «tiempo de conmoción».

La conmoción

Existe una variedad de factores que están contribuyendo a la conmoción que está sucediendo actualmente en nuestra sociedad. Como se mencionó previamente, uno de ellos es el cambio de los valores de la sociedad a medida que avanzamos de la era moderna a una nueva era. Otro es que Estados Unidos es el país más diverso que existe. No hay mapas de ruta para navegar por la variedad de costumbres, creencias, tradiciones y perspectivas que representa nuestra nación. A través de la historia y alrededor del mundo actual, la diversidad sigue resultando en genocidios, esclavitud, guerras y la opresión, expulsión o aislamiento de ciertos grupos. Estados Unidos siempre ha sido un gran experimento, uno que continúa hasta hoy mientras navegamos el imperfecto y desordenado proceso de entender qué significa crecer como una nación unida.

Aunado a los valores cambiantes y a las complejidades de la sociedad, está el hecho de que la tecnología proporciona una plataforma para que todos los puntos de vista sean promovidos, discutidos y analizados por cualquier persona, en cualquier lugar y en cualquier momento. Hace un par de décadas, los entornos cerrados de las comunidades locales, las familias, iglesias e incluso de regiones han dado lugar a un espectro de perspectivas y opiniones en incremento. El autor Dan Levitan explica: «En 2011 los estadounidenses obtuvieron cinco veces más información por día en comparación a la obtenida en 1986».[1] Ese número sigue aumentando. Los reportes recientes estiman que en los dos años pasados ha sido creada más información que en el resto de la historia de la humanidad.² El acceso a las ideas y a la información hoy en día no tiene precedentes. Desplazarse y darle sentido a toda la información que nos llega constantemente puede ser abrumador.

Un factor adicional que contribuye a la conmoción de nuestra sociedad es la globalización. Vivimos en un tiempo en el que las acciones y decisiones de una nación afectan significativamente a las demás naciones alrededor del mundo. Además, la tecnología moderna nos brinda los asientos de primera fila para presenciar las injusticias, los desastres, la angustia y el dolor de una comunidad global diariamente. La mente humana no fue diseñada para absorber y manejar el dolor de millones de personas. A menudo luchamos con manejar solamente nuestro propio dolor. Aun así, nos vemos obligados a abordar los problemas previamente ignorados o negados al afrontar ideas que alguna vez fueron distantes o vagas. Hacerlo requiere que revisemos nuestras motivaciones, valores y convicciones y que examinemos nuestros corazones.

Buscar lo inconmovible

Hace más de una década, escuché una serie de sermones basada en Hebreos 12:25-28. El tema era el reino inconmovible. Desde entonces he llegado a ver ese mensaje como profético para nuestros días. El pasaje dice:

> Tengan cuidado de no rechazar al que habla, pues, si no escaparon aquellos que

> rechazaron al que los amonestaba en la tierra, mucho menos escaparemos nosotros si le volvemos la espalda al que nos amonesta desde el cielo. En aquella ocasión, su voz conmovió la tierra, pero ahora ha prometido: «Una vez más haré que se estremezca no sólo la tierra, sino también el cielo». La frase «una vez más» indica la transformación de las cosas movibles, es decir, las creadas, para que permanezca lo inconmovible.
>
> Así que nosotros, que estamos recibiendo un reino inconmovible, seamos agradecidos. Inspirados por esta gratitud, adoremos a Dios como a él le agrada, con temor reverente.

Este pasaje de las Escrituras hace referencia al temblor físico que ocurrió cuando Dios descendió en el Monte Sinaí para reunirse con Moisés en Éxodo 19. Sin embargo, Hebreos 12 se refiere a otro temblor que removerá lo que puede ser movido para que lo que no puede ser movido, lo que le pertenece a su reino inconmovible, permanezca.

Como individuos

Hoy en día, esta conmoción está teniendo lugar en varios niveles. En un nivel individual, nos damos cuenta de que no podemos mezclarnos con nuestra cultura y mantenernos fieles a la verdad de Dios al mismo tiempo. Vivimos en un entorno cada vez más hostil hacia Dios, ya que declara que la verdad es relativa o totalmente irrelevante.[3] En épocas anteriores, muchos consideraban que el cristianismo era culturalmente aceptable. En algunos lugares como el *Bible Belt* de Estados Unidos [El Cinturón Bíblico], la mayoría de las comunidades giraban en torno a la iglesia local. Era de esperarse que las personas que se postulaban para cargos políticos asistieran a la iglesia. Muchas empresas también reconocían las celebraciones cristianas. Lamentablemente, no todos los integrantes de esa cultura cristiana vivieron como seguidores devotos de Cristo.

A medida que el cristianismo cultural se desvanece, nos enfrentamos a una decisión. ¿Nos pareceremos a la cultura que nos rodea? O, como Daniel, ¿continuaremos orando, aunque se nos prohíba orar, arriesgando en algunos casos nuestra reputación, nuestras comodidades e incluso nuestra vida? Tal conmoción requiere intencionalidad en nuestras convicciones. Debemos decidir en qué y en quién fundamentaremos nuestras vidas. ¿Viviremos de acuerdo a la Palabra de Dios o según las normas y expectativas culturales que nos rodean?

En la política y en la sociedad

Para los creyentes, esta conmoción también se está desarrollando en las comunidades, la política y las iglesias. Debido a que hablo sobre los problemas culturales y generacionales en nuestra sociedad cada vez más dividida, a menudo me hacen preguntas con tintes políticos. Esto es lo que he observado. Muchos cristianos estadounidenses eligen primeramente ser estadounidenses y después cristianos. A medida que se involucran tanto con creyentes como con no creyentes, dan prioridad a sus puntos de vista políticos y sociales en lugar de dar la prioridad a las verdades bíblicas. Me doy cuenta de que esto sucede en ambos sentidos. No me mal entiendas. La política es importante, pero la fe es más importante.

Tanto la historia como las Escrituras demuestran que los gobiernos y las naciones son meramente temporales y no pueden durar para siempre. Si hacemos que nuestros puntos de vista políticos y sociales sean más importantes que la obediencia a la Palabra de Dios, le damos la prioridad a algo que se está desvaneciendo. Muchos afirman ser cristianos, pero permiten que sus puntos de vista sean crueles y se enojan con los demás. 1 Juan 2:9 dice claramente: «El que afirma que está en luz, pero odia a su hermano, todavía está en la oscuridad». Las divisiones y los disturbios sociales y políticos actuales revelan cómo hemos colocado aquellas cosas que pueden conmocionarse por encima de las que no.

Como individuos, comunidades y familias, tenemos una oportunidad para examinar y realinear nuestros corazones, motivaciones y perspectivas de acuerdo con las prioridades bíblicas. Daniel sirvió a varios reyes y a dos imperios. Su dedicación para seguir siendo la persona que Dios le había llamado a ser, y de depender de las verdades inconmovibles de Dios, le permitió sobrevivir y desarrollarse mientras reyes y reinos se levantaban y caían a su alrededor. Puso su esperanza en la permanencia del único reino que no puede ni será conmocionado. Como líderes piadosos en el entorno turbulento de hoy día, este también debe ser nuestro enfoque. ¡Nuestra esperanza descansa en un reino que dura más que cualquier movimiento social, partido político, esfuerzo militar y líder terrenal!

En la Iglesia

La Iglesia de hoy también puede ser conmocionada, especialmente en lo que se refiere a las diferencias intergeneracionales. Si bien los puntos de vista generacionales difieren tradicionalmente con relación a elementos cosméticos tales como la música, los tipos de programas, decoraciones, etc., estas diferencias se intensifican por el choque de los valores fundamentales. Las diferentes perspectivas sobre la verdad, la sexualidad, el género, la política y la raza, chocan y producen resentimiento, división y confusión.

La influencia de la Era Moderna penetró gran parte de la cultura tradicional de la Iglesia. Evangelizamos y promovimos la validez bíblica usando hechos, lógica y ciencia. A menudo medimos el éxito por los números y presupuestos, instituciones y edificios, en lugar de hacerlo por la salud y el crecimiento espirituales. Construimos estructuras organizacionales que dependían de unos pocos para hacer el ministerio de muchos. Aun así, Dios ha obrado en y a través de esta cultura imperfecta, y el corazón y los esfuerzos de este cuerpo moderno de creyentes. Sin embargo, el cuestionamiento de los precursores posmodernos nos lleva a considerar qué elementos de nuestras prácticas de fe están más basados en la cultura en comparación con aquellos que tienen una base más bíblica. Esto permitirá sacudir lo que pueda sacudirse para reenfocarse en aquellas creencias y prácticas que no pueden ser movidas.

Esta época de la Iglesia requiere que haya una conversación honesta, amorosa y comprometida entre todas las generaciones. Si los creyentes jóvenes insisten en formar sus propias iglesias o reuniones de fe y fracasan en conversar con aquellos que perciben como de mentes cerradas o anticuadas, corren el riesgo de desarrollar una iglesia sobrecargada con los elementos cambiantes de perspectivas emergentes. Del mismo modo, si los miembros mayores se niegan a abordar las preguntas y las preocupaciones de los más jóvenes, su visión enfrenta cierto grado de desaparición junto con la muerte de la era moderna. Este momento único de la historia ofrece una oportunidad para unirse con aquellos que tienen diferentes valores culturales. Si podemos ser primeramente creyentes y después parte de nuestra cultura, las iglesias intergeneracionales serán libres para enfocarse en las verdades bíblicas compartidas mientras se animan unos a otros a servir en una cultura impía. Este es un elemento verdaderamente poderoso y creo que es crucial, de lo que Dios anhela hacer entre nosotros hoy.

Recibiendo el reino inconmovible

Hoy en día, Dios nos llama a elegir, (no a rechazar) su reino, sus promesas, su verdad. Este es un reino que no puede ser sacudido incluso cuando el mundo, la sociedad y las circunstancias a nuestro alrededor reflejen caos y agitación. Aquellos que se aferran a Dios en esta época turbulenta, tienen una esperanza que no puede ser abrumada. El mundo necesita desesperadamente este tipo de esperanza. Sin embargo, no serán las masas las que entiendan y respondan a esta esperanza, sino el remanente fiel. ¡Estos son los líderes que Dios usará, como lo hizo con Daniel y sus amigos, para manifestar su gloria ante reyes y a través de reinos y culturas impías!

Reflexiones y aplicaciones

¿Qué asuntos o temas te causan enojo, frustración o amargura hacia otros cristianos? ¿Hay valores o asuntos a los que das prioridad por encima de la verdad y el amor de Dios en tu vida?

¿Cómo estás interactuando con los creyentes de otras generaciones? ¿Los escuchas atentamente y tratas de aprender de ellos? ¿Cómo podrías hacer esto más efectivamente?

Notas

1   Daniel J. Levitin, The Organized Mind: Thinking Straight in the Age of Information Overload [La mente organizada: Pensar con claridad en la era de la sobrecarga de información] (Nueva York, Penguin, 2014), 6.
2   Bernard Marr, "Big Data: 20 Mind-Boggling Facts Everyone Must Read" [Datos grandes: 20 datos asombros que todos deben leer], Forbes, publicado el 30 de septiembre de 2015, https://www.forbes.com/sites/bernardmarr/2015/09/30/big-data-20-mind-boggling-facts-everyone-must-read/#456ceeec17b1.
3   "Word of the Year" [Palabra del año], Oxford English Dictionaries, accedido el 3 de febrero de 2018, https://en.oxforddictionaries.com/word-of-the-year/word-of-the-year-2016.

CAPITULO 17

Temporada de un remanente

Pero el Señor le dijo a Gedeón: "Todavía hay demasiada gente. Hazlos bajar al agua, y allí los seleccionaré por ti".
—Jueces 7:4

Nuestra cultura se obsesiona con los números. Medimos el éxito con el número de clientes o ventas, kilómetros recorridos, o *likes* en las redes sociales. Nuestro sentido de valor a menudo está vinculado a las calificaciones, el sueldo o los fondos para la jubilación. La urgencia de medir el éxito incluso se ha infiltrado en la Iglesia. Si bien hay algunas buenas razones para medirlo, también puede ser una distracción. Las Escrituras nos muestran una y otra vez que Dios no mide el éxito por los números. En todo caso, es todo lo contrario. ¡Dios recibe grande gloria cuando usa solo a uno o pocos y a los que menos pensaríamos!

UNA GENERACIÓN COMO DANIEL
Enfocarse en los pocos

En su libro *Radical*, David Platt describe una poderosa consideración para nosotros al desarrollar líderes para el futuro: «Mi modelo en el ministerio es un hombre que pasó la mayor parte de su ministerio con doce hombres. Un hombre que, cuando dejó esta tierra, solo tenía unas ciento veinte personas que lo acompañaban y hacían lo que él les decía que hicieran».[1] Basándose en esos números, la mayoría de las iglesias estadounidenses no considerarían que el ministerio de Jesús fue muy exitoso. Las Escrituras no nos dan indicios de que Dios se obsesione por los números de la forma en la que nosotros lo hacemos. De hecho, ha demostrado una y otra vez que él manifiesta su poder por medio de unos pocos, de un remanente. En el caso de Babilonia, Dios usó a cuatro jóvenes para tocar los corazones de los reyes. En los días de Gedeón, él redujo su ejército. En el primer siglo, usó a 120 personas fieles para extender el evangelio por todo el mundo.

Abrazar verdaderamente al Dios que no define el éxito por los números puede requerir redefinir las prioridades de la iglesia estadounidense. Puede ser doloroso a medida que se redefinen los puestos, se reconsideran los programas y se revalúan los objetivos del ministerio, pero creo que esta es una parte de la conmoción. Existe un tiempo y un lugar para el ministerio a gran escala, como la alimentación de los 5 000 en Mateo 14, o la conversión de 3 000 en Hechos 2, pero vivimos en un tiempo donde debemos enfocarnos en un remanente. La iglesia estadounidense ha estado tan atrapada en los números, que hemos descuidado a los pocos. La época emergente de ministerio trata sobre enfocarse más en el remanente que en las masas. Los cambios en nuestra cultura, así como las perspectivas, necesidades y los deseos de los líderes jóvenes son las fuerzas impulsoras de este giro.

Interpretación vs. información

Entonces, si no son los números ¿cuál es nuestro enfoque? Hoy en día, tenemos acceso a la información como ninguna otra generación en la historia de la humanidad. No necesitamos otro buen programa que nos dé información. Necesitamos procesar la información que tenemos. El experto generacional, Tim Elmore, explica: «Los estudiantes de hoy necesitan a los maestros para interpretar más que para informar».[2] Las interacciones con compañeros, mentores y amigos de confianza pueden proporcionar información valiosa, así como oportunidades para pensar y desarrollar nuestros valores y convicciones. Las relaciones, una comunidad piadosa y conversaciones y experiencias guiadas por el Espíritu proporcionan las lecciones más formativas. Nuestra tarea de equipar a los líderes del futuro resuena en el ministerio de Jesús con sus discípulos y los más cercanos a él. Después de su muerte, resurrección y regreso al cielo, fue este remanente el que se reunió en el aposento alto y entonces llevó a cabo su ministerio.

A menudo me preguntan cómo crear un programa exitoso para el desarrollo de liderazgo o un ministerio para jóvenes o adultos jóvenes. Los métodos a gran escala raramente son efectivos. La mejor forma de participar con una persona joven y apoyarla en su desarrollo es uno a uno, en equipos o comunidades pequeñas. Dios, quien obra en y a través de nuestras vidas, nos proporciona el programa ideal para usar al preparar líderes que quieren que Dios los guíe. La capacidad de ser vulnerables y honestos sobre nuestros errores, debilidades, alegrías y esperanzas, cuando se combina con la fidelidad de Dios en nuestras vidas, inspirará a otros líderes a confiar en nuestro Padre soberano independientemente de las épocas individuales de liderazgo que puedan tener. Los métodos pueden variar, pero la fe en Dios es la fuente de nuestra inspiración. Este es el mensaje que debemos compartir con el remanente que Dios coloca en nuestras vidas.

El ministerio uno a uno, o a unos pocos, requiere tiempo, paciencia y la entrega de uno mismo. Cuando planeamos un evento, verificamos los elementos en una lista, seguimos los puntos en un estudio de la Biblia, o predicamos un sermón bien elaborado es fácil medir el progreso. Cuando nos sentamos con las personas mientras procesan cómo luce la verdad bíblica en una situación complicada o cuando modelan el manejo con gracia de un error de liderazgo y hablan la verdad en amor, el éxito es a menudo difícil de determinar. Esta época de equipar al remanente requiere de relaciones sacrificiales intergeneracionales en las cuales compartimos perspectivas, experiencias y preguntas. Cuando nos comprometemos completamente con tales conversaciones, descubriremos la sabiduría que necesitamos para redefinir el liderazgo y el servicio humilde de unos a otros. De esta manera, ¡demostramos activamente el amor de Dios en y a través de nuestras vidas!

Las cualidades fundamentales de un mentor

Disfruté mucho ver la película *Pasante de moda*, una película protagonizada por Robert De Niro y Anne Hathaway. Esta representa a la perfección el valor y la necesidad de las relaciones intergeneracionales y por qué necesitamos tan desesperadamente líderes y mentores mayores que permanezcan comprometidos mientras los líderes jóvenes buscan la sabiduría de la experiencia. Hathaway interpreta el papel de una joven y muy exitosa empresaria *Millennial* que lucha por encontrar el equilibrio entre su exigente y demandante carrera profesional y su joven familia. De Niro es viudo, profesional, jubilado, cuyo antiguo trabajo en la industria de la impresión se ha vuelto obsoleto. Como jubilado, prueba de todo. Aprende mandarín, intenta aprender yoga y viaja mucho. Aun así, se siente insatisfecho con su estilo de vida y solicita una pasantía en la compañía de Hathaway.

Como pasante mayor que trabaja para una empresaria *Millennial*, el personaje de Niro representa lo que los líderes maduros, sabios y sacrificiales ofrecen a las generaciones futuras. Primero, llega puntualmente a su trabajo todos los días. Al principio es ignorado por su jefa *Millennial* y pasa la mayor parte de su día sentado frente a una computadora sin nada que hacer. Como no está acostumbrado a estar inactivo, se involucra con los jóvenes pasantes que se encuentran a su derecha y a su izquierda. Se esfuerza por conocer a los empleados, les ayuda con tareas aleatorias y se convierte en la persona con la que todos pueden contar. Va a su trabajo todos los días con un traje confeccionado a su medida, y lleva su maletín de la vieja escuela. Su presencia tranquila y reflexiva se convierte rápidamente en un regalo para los profesionales jóvenes y agotados que lo rodean.

En segundo lugar, el personaje que interpreta De Niro es observador. Los años que pasó como profesional le han enseñado a notar y apreciar las habilidades y dinámicas que a menudo se han perdido en las personas jóvenes. Como resultado, hace preguntas, brinda la ayuda, los consejos y la afirmación que sus jóvenes colegas necesitan tan desesperadamente. Su aportación cambia la vida de aquellos con los que interactúa diariamente.

En tercer lugar, es paciente. A pesar de que los jóvenes que lo rodean no reconocen su contribución y sabiduría, se mantiene constante, haciendo pacientemente su trabajo y siendo él mismo. Finalmente, su jefa le pide ayuda y consejo, y sus compañeros de trabajo reconocen y celebran sus importantes contribuciones. Como resultado de su presencia e influencia, la estructura organizacional cambia, ¡incluso sus compañeros internos comienzan a usar trajes y compran sus maletines! En resumen, se gana el derecho a ser escuchado, seguido e imitado. Su ejemplo y presencia demuestran ser influyentes para los jóvenes profesionales que están aprendiendo y formando los hábitos que los seguirán el resto de sus carreras.

Hoy día, mientras preparamos un remanente de líderes piadosos que sirvan a Dios, necesitamos mentores que participen activamente modelando el liderazgo de servicio a quienes les rodean. También necesitamos líderes jóvenes que busquen humildemente y aprendan de la sabiduría de los líderes experimentados que Dios trae a sus vidas.

Invirtiendo en un remanente

Nuestra tarea esencial en esta época consiste en orar por, enseñar, amar y ser el remanente que guiará en los días por venir. ¿Qué pasa si fallamos en invertir en el ministerio para un remanente? En capítulos anteriores discutimos las tendencias en nuestra cultura y su impacto en los jóvenes. Las filas de aquellos con convicciones profundas y fe sincera en Dios tristemente parecen pequeñas. Si fallamos en comprometernos intencionalmente con la mentoría, con el desarrollo y equipamiento de un remanente fuerte, bien podríamos presenciar el surgimiento de una generación como la que se describe en Jueces 2. Después de que falleciera la generación del líder piadoso Josué, esta fue reemplazada por aquellos que no conocían a Dios ni sabían lo que había hecho. Si bien la generación de Josué creyó y sirvió a Dios, fallaron al no plantar las semillas de la fe en la siguiente generación. Que no se diga lo mismo de nuestro tiempo.

Entonces, ¿quién es tu remanente? ¿Dónde están los jóvenes y líderes que representan la semilla de lo que Dios hará en el futuro? Mira a tu alrededor, en tu iglesia, en tu familia o en tu comunidad. ¿Quiénes son los jóvenes que ya están allí? No necesitas salir y encontrarlos. ¡Solo necesitas comprometerte con ellos! Invítalos a un café, pregúntales si puedes cuidar a sus hijos, ayúdalos con un proyecto escolar o pregúntales cómo puedes apoyar un sueño o idea de ministerio que tengan. ¿Hay un líder joven en tu empresa? Tal vez hayas notado a algún vecino joven que está pasando un momento difícil, o a una joven profesional que puede beneficiarse de un pasante experimentado que la ayude. Comprometerse con un remanente no necesariamente significa abandonar otros enfoques del ministerio. Sin embargo, pienso que, al invertir intencionalmente nuestro tiempo y energía en unos cuantos jóvenes, podemos alentar un profundo crecimiento espiritual y su preparación para el futuro. Independientemente de lo expuesto anteriormente, creo que existe un llamado para un cambio generalizado en la iglesia estadounidense, para alejarla de los estándares de éxito basados en cantidades y llevarla hacia la medición del éxito ministerial basado en el entrenamiento efectivo de discípulos, especialmente aquellos que serán líderes piadosos en las décadas por venir.

El remanente en Babilonia

La cultura babilónica en la que se encontraron Daniel y sus amigos demandaba la máxima obediencia al rey. Necesitaron convicción, valor y fe para mantenerse firmes en su devoción a Dios. Es poco probable que sus líderes o mentores en Judá se enfrentaran a las complejas decisiones a las que estos jóvenes tuvieron que hacer frente en el palacio de Nabucodonosor. Sin embargo, al estudiar la historia de Judá, vemos cómo Dios usó a líderes piadosos como el rey Josías y el profeta Jeremías para asegurar que se plantara la semilla de fe en las vidas de estos jóvenes. Como resultado, incluso antes de llegar a Babilonia, ellos ya conocían a su Dios y entendían sus caminos. Llevaron su fe con ellos hasta Babilonia. El mismo Dios que permitió que

Nabucodonosor destruyera el templo apareció repetidamente en defensa de aquellos que fueron fieles a él en medio de una cultura impía.

En los días venideros, los líderes cristianos pueden sentirse desanimados a medida que algunas iglesias y organizaciones fundamentadas en la fe cierran sus puertas, a medida que disminuye el número de quienes dicen ser cristianos en nuestro país, y a medida que las libertades religiosas y los valores cristianos son cada vez más atacados. Sin embargo, Dios está levantando un remanente, una generación como Daniel. Dios está llamando a líderes experimentados a plantar con humildad y sacrificio la semilla de fe en el corazón de la siguiente generación. Está llamando a una generación de hombres y mujeres jóvenes a mantenerse firmes bajo la increíble presión de una cultura impía. Debemos saber cómo rechazar la comida contaminada, cómo orar tres veces al día y cómo permanecer de pie cuando todos los demás se inclinan ante una estatua de oro. Dios estará con nosotros tanto en el palacio del rey como en el foso de los leones. A medida que le somos fieles, veremos su poder siendo manifestado y su nombre siendo glorificado en formas milagrosas. Tendremos el honor de ser fieles a nuestro Dios inmutable en una época de grandes cambios. Seremos la generación como Daniel.

Reflexiones y aplicaciones

¿Cómo mido el éxito en mi vida y ministerio? ¿Mi definición de éxito difiere de la definición de Dios?

¿Quién es mi remanente? ¿Quiénes son los líderes y las personas que Dios ha colocado en mi vida para animarlos? ¿Cómo puedo hacerlo de mejor manera?

Notas

1   David Platt, Radical: Taking Back Your Faith from the American Dream [disponible como Radical: Volvamos a las raíces de la fe] (Colorado Springs: Multnomah Books, 2010), 1-2.

2   Tim Elmore, post de Twitter de 3 de febrero, 2018, 6:35 a.m.,https://twitter.com/TimElmore/status/959749577082589184.

Lista de recursos

Capítulo 2:

Marchando fuera del mapa: Inspira a los estudiantes a navegar por un nuevo mundo por Tim Elmore

La sociedad poscapitalista por Peter Drucker

¿Tolerancia o intolerancia? por Josh McDowell y Sean McDowell

Superficiales: ¿Qué está haciendo Internet con nuestras mentes? por Nicholas Carr

Capítulo 9:

7 Pasos básicos para ayunar y orar con éxito por Dr. Bill Bright

Celebración de la disciplina: Hacia una vida espiritual más profunda por Richard J. Foster

Moldeando la historia: A través del ayuno y la oración por Derek Prince

Capítulo 10:

La inteligencia emocional: Por qué es más importante que el cociente intelectual por Daniel Goleman

Inteligencia Emocional 2.0 por Terry Bradberry y Jean Greaves

Coaching de liderazgo (https://www.leadingtomorrow.org/leadership-coaching.html)

Capítulo 15:

Las cinco disfunciones de un equipo: Narrativa empresarial por Patrick Lencioni

The Five Dysfunctions of a Team: A Field Guide [Las cinco disfunciones de un equipo: Manual de campo] por Patrick Lencioni

Catch the Wind of the Spirit: How the Five Ministry Gifts Can Transform Your Church [Atrapa el viento del Espíritu: Cómo los cinco dones ministeriales pueden transformar tu iglesia] por Carolyn Tennant

Team of Teams: New Rules of Engagement for a Complex World [Equipo de equipos: Nuevas reglas de participación para un mundo complejo] por General Stanley McChrystal y Tatum Collins

Los líderes comen al final: Por qué algunos equipos funcionan bien y otros no por Simon Sinek

Acelerar: Cómo desarrollar agilidad estratégica en un mundo que se mueve cada vez más rápido por John Kotter

Evaluación de dones espirituales (www.spiritualgiftstest.com)

Coaching de liderazgo de IPSAT (http://myipsat.com/coach/jolene-erlacher)

Experiencia en grupos pequeños de IPSAT (https://www.leadingtomorrow.org/leadership-coaching.html)

Glosario de términos

Baby Boomers: personas que nacieron entre 1946 y 1964.

Nativo digital: persona que nació o creció durante la era de la tecnología digital y que está familiarizada con los dispositivos tecnológicos y el Internet desde una edad temprana.

Generación X: personas que nacieron entre 1965 y 1980.

Generación Z: personas que nacieron entre 1996 y 2012.

Generación *Millennial*: personas que nacieron entre 1980 y 1995.

Era Moderna: período de la historia que comenzó con el Renacimiento Europeo (alrededor de 1420-1630) y marcó una transición fuera de la Edad Media. El período moderno está asociado con el individualismo, el capitalismo, la urbanización y la globalización. Fue una era que comenzó con la invención de la imprenta y estuvo marcada por desarrollos importantes en ciencia, política, guerra y tecnología.

Relativismo moral: la posición de que las normas morales o éticas no reflejan verdades morales objetivas o universales, sino que son relativas a las circunstancias y preferencias sociales, culturales, históricas o personales.

Generación Silenciosa: personas nacidas entre 1925 y 1945.

Posmodernismo: es una reacción a la mentalidad moderna que asumió la certeza de los esfuerzos científicos u objetivos para explicar la realidad. El posmodernismo es escéptico de las explicaciones que afirman ser válidas para todos los grupos, culturas y razas, y en su lugar se centra en las verdades relativas de la experiencia de cada individuo.

Precursores posmodernos: personas que crecieron y fueron educadas en una cultura o entorno que abarca y enseña valores y perspectivas posmodernas.

Acerca de autor
JOLENE CASSELLIUS ERLACHER

Jolene creció como hija de misioneros en América Latina, lo que le permitió aprender cómo la cultura influencia la cosmovisión y la fe. Posteriormente, mientras trabajaba en una universidad cristiana, estudió el impacto de las tendencias generacionales y culturales en las iglesias y centros de trabajo. Esto la llevó a escribir su primer libro, Millennials in Ministry (Los Milenials en el Ministerio) (Judson Press), mismo que analiza los valores de los líderes jóvenes en el contexto de la iglesia y el ministerio.

Jolene es también autora del libro Daniel Generation: Godly Leadership in an Ungodly Culture (La Generación de Daniel: Liderazgo Piadoso en una Cultura Impía). Como madre, maestra y mentora, Jolene es una apasionada por el discipulado y equipamiento de la siguiente generación
para que prosperen como líderes piadosos en nuestro complejo mundo. Ella cree que Dios está equipando de manera excepcional a los creyentes Milenials y de la Generación Z, para ser los líderes que nuestro mundo necesita hoy.

Como profesora adjunta, Jolene enseña cursos de posgrado sobre Liderazgo Organizacional y Tendencias Generacionales. Como instructora certificada en liderazgo, ella habla y consulta ampliamente sobre cómo comprender a los estudiantes de hoy en día, los niños y la tecnología, ministerio y liderazgo intergeneracional y equipamiento de la siguiente generación de líderes.

Contacte a Jolene

Página Web: www.leadingtomorrow.org
Correo electrónico: jolene@leadingtomorrow.org
Facebook: www.facebook.com/danielgeneration
Twitter: @joleneerlacher
Instagram: @danielgenerationbook

Agende a Jolene

Usted puede tener a Jolene como oradora en su grupo o en su próximo evento.

Por favor envíe su solicitud a:
info@leadingtomorrow.org